सदाबहार कहानियाँ

रवीन्द्रनाथ ठाकुर

अनबाउंड स्क्रिप्ट का उपक्रम

सदाबहार कहानियाँ : रवीन्द्रनाथ ठाकुर

ISBN : 978-93-92088-37-7

प्रकाशक : अनबाउंड स्क्रिप्ट
2/41, अंसारी रोड,
दरियागंज, दिल्ली -110002
वेबसाइट : www.unboundscript.com
ई-मेल : books@unboundscript.com
फोन : 011-35807601

मुद्रक : यश प्रिंटो ग्राफ़िक्स, नोएडा, उत्तर प्रदेश

मूल्य : ₹ 125/-

अनुक्रम

तोता	5
काबुलीवाला	11
अनमोल भेंट	25
गूँगी	33
पोस्टमास्टर	44
एक मुसलमानी की कहानी	54
अन्तिम प्यार	61
प्रेम का मूल्य	79
भिखारिन	87
कवि और कविता	96
अनाथ	103

तोता

एक था तोता। वह बड़ा मूर्ख था। गाता तो था, पर शास्त्र नही पढ़ता था। उछलता था, फुदकता था, उड़ता था, पर यह नहीं जानता था कि कायदा-कानून किसे कहते हैं।

राजा बोले, "ऐसा तोता किस काम का? इससे लाभ तो कोई नहीं, हानि जरूर है। जंगल के फल खा जाता है, जिससे राजा-मण्डी के फल-बाजार में टोटा पड़ जाता है।"

मंत्री को बुलाकर कहा, "इस तोते को शिक्षा दो!"

2

तोते को शिक्षा देने का काम राजा के भानजे को मिला। पण्डितों की बैठक हुई। विषय था, "उक्त जीव की अविद्या का कारण क्या है?" बड़ा गहरा विचार हुआ।

सिद्धान्त ठहरा- तोता अपना घोंसला साधारण खर-पात से बनाता है। ऐसे आवास में विद्या नहीं आती। इसलिए सबसे पहले तो यह आवश्यक है कि इसके लिए कोई बढ़िया-सा पिंजरा बना दिया जाय।

राज-पण्डितों को दक्षिणा मिली और वे प्रसन्न होकर अपने-अपने घर गये।

3

सुनार बुलाया गया। वह सोने का पिंजरा तैयार करने में जुट पड़ा। पिंजरा ऐसा अनोखा बना कि उसे देखने के लिए देश-विदेश के लोग टूट पड़े। कोई कहता,"शिक्षा की तो इति हो गयी।" कोई कहता, "शिक्षा न भी हो तो क्या, पिंजरा तो बना। इस तोते का भी क्या नसीब है!"

सुनार को थैलियाँ भर-भरकर इनाम मिला। वह उसी घड़ी अपने घर की ओर रवाना हो गया।

पण्डितजी तोते को विद्या पढ़ाने बैठे। नाम लेकर बोले, "यह काम थोड़ी पोथियों का नहीं है।"

राजा के भानजे ने सुना। उन्होंने उसी समय पोथी लिखने वालों को बुलवाया। पोथियों की नकल होने लगी। नकलों के और नकलों की नकलों के पहाड़ लग गये। जिसने, भी देखा, उसने यही कहा कि, "शाबाश! इतनी विद्या के धरने को जगह भी नहीं रहेगी!"

नकलनवीसों को लद्दू बैलों पर लाद-लादकर इनाम दिये गए। वे अपने-अपने घर की ओर दौड़ पड़े। उनकी दुनिया में तंगी का नाम-निशान भी बाकी न रहा।

दामी पिंजरे की देख-रेख में राजा के भानजे बहुत व्यस्त रहने लगे। इतने व्यस्त कि व्यस्तता की कोई सीमा न रही। मरम्मत के काम भी लगे ही रहते। फिर झाड़ू-पोंछ और पालिश की धूम भी मची ही रहती थी। जो ही देखता, यही कहता कि "उन्नति हो रही है।"

इन कामों पर अनेक-अनेक लोग लगाये गये और उनके कामों की देख-रेख करने पर और भी अनेक-अनेक लोग लगे। सब महीने-महीने मोटे-मोटे वेतन ले-लेकर बड़े-बड़े सन्दूक भरने लगे।

वे और उनके चचेरे-ममेरे-मौसेरे भाई-बंद बड़े प्रसन्न हुए और बड़े-बड़े कोठों-बालाखानों में मोटे-मोटे गद्दे बिछाकर बैठ गये।

4

संसार में और-और अभाव तो अनेक हैं, पर निन्दकों की कोई कमी नहीं है। एक ढूँढो हजार मिलते हैं। वे बोले, "पिंजरे की तो उन्नति हो रही है, पर तोते की खोज-खबर लेने वाला कोई नहीं है!"

बात राजा के कानों में पड़ी। उन्होंने भानजे को बुलाया और कहा, "क्यों भानजे साहब, यह कैसी बात सुनाई पड़ रही है?"

भानजे ने कहा, "महाराज, अगर सच-सच बात सुनना चाहते हों तो सुनारों को बुलाइये, पण्डितों को बुलाइये, नकलनवीसों को बुलाइये, मरम्मत करने वालों को और मरम्मत की देखभाल करने वालों को बुलाइये। निन्दकों को हलवे-मलवे मे हिस्सा नहीं मिलता, इसीलिए वे ऐसी ओछी बात करते हैं।"

जवाब सुनकर राजा नें पूरे मामले को भली-भाँति और साफ-साफ तौर से समझ लिया। भानजे के गले में तत्काल सोने के हार पहनाये गये।

5

राजा का मन हुआ कि एक बार चलकर अपनी आँखों से यह देखें कि शिक्षा कैसे धूम-धड़ाके से और कैसी बगटुट तेजी के साथ चल रही है। सो, एक दिन वह अपने मुसाहबों, मुँहलगों, मित्रों और मन्त्रियों के साथ आप ही शिक्षा-शाला में आ धमके।

उनके पहुँचते ही ड्योढ़ी के पास शंख, घड़ियाल, ढोल, तासे, खुरदक, नगाड़े, तुरहियाँ, भेरियाँ, दमामें, काँसे, बाँसुरियाँ, झाल, करताल, मृदंग, जगझम्प आदि-आदि आप ही आप बज उठे।

पण्डित गले फाड़-फाड़कर और बूटियां फड़का-फड़काकर मन्त्र-पाठ करने लगे। मिस्त्री, मजदूर, सुनार, नकलनवीस, देख-भाल करने वाले और उन सभी के ममेरे, फुफेरे, चचेरे, मौसेरे भाई जय-जयकार करने लगे।

भानजा बोला, "महाराज, देख रहे हैं न?"

महाराज ने कहा, "आश्चर्य! शब्द तो कोई कम नहीं हो रहा!"

भानजा बोला, "शब्द ही क्यों, इसके पीछे अर्थ भी कोई कम नहीं!"

राजा प्रसन्न होकर लौट पड़े। ड्योढ़ी को पार करके हाथी पर सवार होने ही वाले थे कि पास के झुरमुट में छिपा बैठा निन्दक बोल उठा, "महाराज आपने तोते को देखा भी है?"

राजा चौंके। बोले, "अरे हाँ! यह तो मैं बिलकुल भूल ही गया था! तोते को तो देखा ही नहीं!"

लौटकर पण्डित से बोले, "मुझे यह देखना है कि तोते को तुम पढ़ाते किस ढंग से हो।"

पढ़ाने का ढंग उन्हें दिखाया गया। देखकर उनकी खुशी का ठिकाना न रहा। पढ़ाने का ढंग तोते की तुलना में इतना बड़ा था कि तोता दिखाई ही नहीं पड़ता था। राजा ने सोचा-अब तोते को देखने की जरूरत ही क्या है? उसे देखे बिना भी काम चल सकता है! राजा ने इतना तो अच्छी तरह समझ लिया कि बंदोबस्त में कहीं कोई भूल-चूक नहीं है। पिंजरे में दाना-पानी तो नही था, थी सिर्फ शिक्षा। यानी ढेर की ढेर पोथियों के ढेर के ढेर पन्ने फाड़-फाड़कर कलम की नोंक से तोते के मुँह में घुसेड़े जाते थे। गाना तो बन्द हो ही गया था, चीखने-चिल्लाने के लिए भी कोई गुंजाइश नहीं छोड़ी गयी थी। तोते का मुँह ठसाठस भरकर बिलकुल बन्द हो गया था।

देखनेवाले के रोंगटे खड़े हो जाते।

अब दुबारा जब राजा हाथी पर चढ़ने लगे तो उन्होंने कान-उमेठू सरदार को ताकीद कर दी कि "निन्दक के कान अच्छी तरह उमेठ देना!"

6

तोता दिन पर दिन भद्र रीति के अनुसार अधमरा होता गया।

अभिभावकों ने समझा कि प्रगति काफी आशाजनक हो रही है। फिर भी पक्षी-स्वभाव के एक स्वाभाविक दोष से तोते का पिंड अब भी छूट नहीं पाया था। सुबह होते ही वह उजाले की ओर टुकुर-टुकुर निहारने लगता था और बड़ी ही अन्याय-भरी रीति से अपने डैने फड़फड़ाने लगता था। इतना ही नहीं, किसी-किसी दिन तो ऐसा भी देखा गया कि वह अपनी रोगी चोंचों से पिंजरे की सलाखें काटने में जुटा हुआ है।

कोतवाल गरजा, "यह कैसी बेअदबी है!"

फौरन लुहार हाजिर हुआ। आग, भाथी और हथौड़ा लेकर।

वह धम्माधम्म लोहा-पिटाई हुई कि कुछ न पूछिये! लोहे की सांकल तैयार की गई और तोते के डैने भी काट दिये गए।

राजा के सम्बन्धियों ने हाँड़ी-जैसे मुँह लटका कर और सिर हिलाकर कहा, "इस राज्य के पक्षी सिर्फ बेवकूफ ही नही, नमक-हराम भी हैं।"

और तब, पण्डितों ने एक हाथ में कलम और दूसरे हाथ मे बरछा ले-लेकर वह कांड रचाया, जिसे शिक्षा कहते हैं।

लुहार की लुहसार बेहद फैल गयी और लुहारिन के अंगों पर सोने के गहनें शोभने लगे और कोतवाल की चतुराई देखकर राजा ने उसे सिरोपा अता किया।

7

तोता मर गया। कब मरा, इसका निश्चय कोई भी नहीं कर सकता।

कमबख्त निन्दक ने अफवाह फैलायी कि "तोता मर गया!"

राजा ने भानजे को बुलवाया और कहा, "भानजे साहब यह कैसी बात सुनी जा रही है?"

भानजे ने कहा, "महाराज, तोते की शिक्षा पूरी हो गई है!"

राजा ने पूछा, "अब भी वह उछलता-फुदकता है?"

भानजा बोला, "अजी, राम कहिये!"

8

"अब भी उड़ता है?"

"ना, कतई नहीं!"

"अब भी गाता है?"

"नहीं तो!"

"दाना न मिलने पर अब भी चिल्लाता है?"

"न!"

राजा ने कहा, "एक बार तोते को लाना तो सही, देखूंगा जरा!"

तोता लाया गया। साथ में कोतवाल आये, प्यादे आये, घुड़सवार आये!

राजा ने तोते को चुटकी से दबाया। तोते ने न हाँ की, न हूँ की। हाँ, उसके पेट में पोथियों के सूखे पत्ते खड़खड़ाने जरूर लगे।

बाहर नव-वसन्त की दक्षिणी बयार में नव-पल्लवों ने अपने निश्वासों से मुकुलित वन के आकाश को आकुल कर दिया।

काबुलीवाला

मेरी पाँच वर्ष की छोटी लड़की मिनी से पल भर भी बात किए बिना नहीं रहा जाता। दुनिया में आने के बाद भाषा सीखने में उसने सिर्फ एक ही वर्ष लगाया होगा। उसके बाद से जितनी देर तक सो नहीं पाती है, उस समय का एक पल भी वह चुप्पी में नहीं खोती। उसकी माता बहुधा डाँट-फटकार कर उसकी चलती हुई जुबान बंद कर देती है किन्तु मुझसे ऐसा नहीं होता। मिनी का मौन मुझे ऐसा अस्वाभाविक-सा प्रतीत होता है, कि मुझसे वह अधिक देर तक सहा नहीं जाता और यही कारण है कि मेरे साथ उसके भावों का आदान-प्रदान कुछ अधिक उत्साह के साथ होता रहता है।

सवेरे मैंने अपने उपन्यास के सत्तरहवें अध्याय में हाथ लगाया ही था कि इतने में मिनी ने आकर कहना आरम्भ कर दिया, "बाबा! रामदयाल दरबान कल 'काक' को कौआ कहता था। वह कुछ भी नहीं जानता, है न बाबा?"

विश्व की भाषाओं की विभिन्नता के विषय में मेरे कुछ बताने से पहले ही उसने दूसरा प्रसंग छेड़ दिया, "बाबा! भोला कहता था आकाश मुँह से पानी फेंकता है, इसी से वर्षा होती है। अच्छा बाबा,

भोला झूठ-मूठ कहता है न? खाली बक-बक किया करता है, दिन-रात बकता रहता है।"

इस विषय में मेरी राय की तनिक भी राह न देख कर, चट से धीमे स्वर में एक जटिल प्रश्न कर बैठी, "बाबूजी, माँ तुम्हारी कौन लगती है?"

उसके इस प्रश्न का उत्तर देना, किसी भंवर में फँसने बराबर था इसलिए मैंने उसका ध्यान हटाने के लिए कहा, "मिनी, तू जा, भोला के साथ खेल, मुझे अभी काम है, अच्छा।"

तब उसने मेरी मेज के पार्श्व में पैरों के पास बैठकर अपने दोनों घुटने और हाथों को हिला-हिलाकर बड़ी शीघ्रता से मुंह चलाकर 'अटकन- बटकन दही चटाके' कहना आरम्भ कर दिया। जबकि मेरे उपन्यास के अध्याय में प्रतापसिंह उस समय कंचन माला को लेकर रात के गहरे अँधेरे में बंदीगृह के ऊँचे झरोखे से नीचे कलकल करती हुई सरिता में कूद रहा था।

मेरा घर सड़क के किनारे पर था, सहसा मिनी अपने अटकन-बटकन को छोड़कर कमरे की खिड़की के पास दौड़ गई, और जोर-जोर से चिल्लाने लगी, "काबुलीवाला, ओ काबुलीवाला"

मैले-कुचौले ढीले कपड़े पहने, सिर पर साफा बाँधे, कंधे पर सूखे फलों की मैली झोली लटकाए, हाथ में अंगूरों की कुछ पिटारियाँ लिए, एक लम्बा-तगड़ा-सा काबुली धीमी सी चाल से सड़क पर जा रहा था। उसे देखकर मेरी छोटी बेटी के हृदय में कैसे भाव उदय हुए यह बताना असम्भव है। उसने जोरों से पुकारना शुरू किया। मैंने सोचा, अभी झोली कंधे पर डाले, सर पर एक

मुसीबत आ खड़ी होगी और मेरा सत्तहरवा अध्याय आज अधूरा रह जाएगा।

किन्तु मिनी के चिल्लाने पर ज्यों ही काबुली ने हँसते हुए उसकी ओर मुँह फेरा और घर की ओर बढ़ने लगा त्यों ही मिनी भय खाकर भीतर भाग गई। फिर उसका पता ही नहीं लगा कि कहाँ छिप गई। उसके छोटे-से मन में वह अन्धविश्वास बैठ गया था कि उस मैली-कुचैली झोली के अन्दर ढूँढ़ने पर उस जैसी और भी जीती-जागती बच्चियाँ निकल सकती हैं।

इधर काबुली ने आकर मुस्कराते हुए मुझे सलाम किया॥ मैंने सोचा, वास्तव में प्रतापसिंह और कंचनमाला की दशा अत्यन्त संकटापन्न है, फिर भी घर में बुलाकर इससे कुछ न खरीदना अच्छा न होगा।

कुछ सौदा खरीदा गया। उसके बाद मैं उससे इधर-उधर की बातें करने लगा। खुद रहमत, रूस, अंग्रेज, सीमान्त रक्षा के बारे में गप-शप होने लगी।

आखिर में उठकर जाते हुए उसने अपनी मिली-जुली भाषा में पूछा, "बाबूजी, आपकी बच्ची कहाँ गई?"

मैंने मिनी के मन से व्यर्थ का भय दूर करने के लिए उसे भीतर से बुलवा लिया। वह मुझसे बिल्कुल सटकर काबुली के मुख और झोली की ओर संदेह से देखती खड़ी रही। काबुली ने झोली में से किसमिस और खुबानी निकालकर देना चाहा, पर उसने नहीं लिया और दुगुने संदेह के साथ मेरे घुटनों से लिपट गई। काबुलीवाले से उसका पहला परिचय इस प्रकार हुआ।

इस घटना के कुछ दिन बाद एक दिन सवेरे मैं किसी आवश्यक कार्यवश बाहर जा रहा था। देखूँ तो मेरी बिटिया दरवाजे के पास बेंच पर बैठी हुई काबुली से हँस-हँसकर बातें कर रही है और काबुली उसके पैरों के समीप बैठा-बैठा मुस्कराता हुआ, उन्हें ध्यान से सुन रहा है और बीच-बीच में अपनी राय मिली-जुली भाषा में व्यक्त करता जाता है।

मिनी को अपने पाँच वर्ष के जीवन में, बाबूजी के सिवा, ऐसा धैर्यवाला श्रोता शायद ही कभी मिला हो। मिनी की झोली बादाम-किसमिस से भरी हुई थी। मैंने काबुली से कहा, "इसे यह सब क्यों दे दिया? अब कभी मत देना।" कहकर कुर्ते की जेब से एक अठन्नी निकालकर उसे दी। उसने बिना किसी हिचक के अठन्नी लेकर अपनी झोली में रख ली।

कुछ देर बाद, घर लौटकर देखता हूँ तो उस अठन्नी ने बड़ा भारी उपद्रव खड़ा कर दिया है।

मिनी की माँ एक सफेद चमकीला गोलाकार पदार्थ हाथ में लिए डाँट-डपटकर मिनी से पूछ रही थी, "तूने यह अठन्नी पाई कहाँ से, बता?"

मिनी ने कहा, "काबुलीवाले ने दी है।"

"काबुलीवाले से तूने अठन्नी ली कैसे, बता?"

मिनी ने रोने का उपक्रम करते हुए कहा, "मैंने माँगी नहीं थी, उसने आप ही दी है"।

मैंने जाकर मिनी की उस अकस्मात मुसीबत से रक्षा की, और उसे बाहर ले आया।

पूछने पर मालूम हुआ कि इस दौरान में काबुलीवाला रोज आता रहा है और पिस्ता-बादाम की रिश्वत दे-देकर मिनी के छोटे से हृदय पर बहुत अधिकार कर लिया है।

देखा कि इस नई मित्रता में बंधी हुई बातें और हँसी ही प्रचलित है। जैसे मेरी बिटिया, रहमत को देखते ही, हँसती हुई पूछती, "काबुलीवाला, ओ काबुलीवाला, तुम्हारी झोली के भीतर क्या है? काबुली, जिसका नाम रहमत था, एक अनावश्यक चंद्र-बिंदु जोड़कर मुस्कराता हुआ उत्तर देता, "हाँ बिटियाँ!"

उसके परिहास का रहस्य क्या है, यह तो नहीं कहा जा सकता फिर भी इन नए मित्रों को इससे तनिक विशेष खेल-सा प्रतीत होता है और जाड़े के प्रभात में एक सयाने और एक बच्ची की सरल हँसी सुनकर मुझे भी बड़ा अच्छा लगता।

उन दोनों मित्रों में और भी एक-आध बात प्रचलित थी। रहमत मिनी से कहता, "तुम ससुराल कभी नहीं जाना, अच्छा?"

हमारे देश की लड़कियाँ जन्म से ही 'ससुराल' शब्द से परिचित रहती हैं किन्तु हम लोग कुछ नई पीढ़ी के होने के कारण इतनी सी बच्ची को ससुराल के विषय में विशेष ज्ञानी नहीं बना सके थे। अतः रहमत का अनुरोध वह स्पष्ट रूप से नहीं समझ पाती थी, इस पर भी किसी बात का उत्तर दिए बिना चुप रहना उसके स्वभाव के बिल्कुल ही विरुद्ध था।

उलटे, वह रहमत से ही पूछती, "तुम ससुराल जाओगे?"

रहमत काल्पनिक श्वसुर के लिए अपना जबर्दस्त घूँसा तानकर कहता, "हम ससुर को मारेगा।"

सुनकर मिनी 'ससुर' नामक किसी अनजाने जीव की दुरवस्था की कल्पना करके खूब हँसती।

देखते-देखते जाड़े की सुहावनी ऋतु आ गई। पूर्व युग में इसी समय राजा लोग दिग्विजय के लिए कूच करते थे। मैं कलकत्ता छोड़कर कभी कहीं नहीं गया, शायद इसीलिए मेरा मन ब्रह्माण्ड में घूमा करता है। यानी, मैं अपने घर में ही चिर प्रवासी हूँ, बाहरी ब्रह्माण्ड के लिए मेरा मन सर्वदा आतुर रहता है। किसी विदेश का नाम आगे आते ही मेरा मन वहीं की उड़ान लगाने लगता है। इसी प्रकार किसी विदेशी को देखते ही तत्काल मेरा मन सरिता-पर्वत-बीहड़ वन के बीच में एक कुटीर का दृश्य देखने लगता है और एक उल्लासपूर्ण स्वतंत्र जीवन-यात्रा की बात कल्पना में जाग उठती है।

इधर देखा तो मैं ऐसी प्रकृति का प्राणी हूँ, जिसका अपना घर छोड़कर बाहर निकलने में सिर कटता है। यही कारण है कि सवेरे के समय अपने छोटे- से कमरे में मेज के सामने बैठकर उस काबुली से गप-शप लड़ाकर बहुत कुछ भ्रमण का काम निकाल लिया करता हूँ। मेरे सामने काबुल का पूरा चित्र खिंच जाता। दोनों ओर ऊबड़खाबड़, लाल-लाल ऊँचे दुर्गम पर्वत हैं और रेगिस्तानी मार्ग, उन पर लदे हुए ऊँटों की कतार जा रही है। ऊँचे-ऊँचे साफे बाँधे हुए सौदागर और यात्री कुछ ऊँट की सवारी पर हैं तो कुछ पैदल ही जा रहे हैं। किन्हीं के हाथों में बरछा है, तो कोई बाबा आदम के जमाने की पुरानी बन्दूक थामे हुए है। बादलों की भयानक गर्जन के स्वर में काबुली लोग अपने मिली-जुली भाषा में अपने देश की बातें कर रहे हैं।

मिनी की माँ बड़ी वहमी तबीयत की है। राह में किसी प्रकार का शोर-गुल हुआ नहीं कि उसने समझ लिया कि संसार भर के सारे मस्त शराबी हमारे ही घर की ओर दौड़े आ रहे हैं। उसके विचारों में यह दुनिया इस छोर से उस छोर तक चोर-डकैत, मस्त, शराबी, साँप, बाघ, रोगों, मलेरिया,तिलचट्टे और अंग्रेजों से भरी पड़ी है। इतने दिन हुए इस दुनिया में रहते हुए भी उसके मन का यह रोग दूर नहीं हुआ।

रहमत काबुली की ओर से भी वह पूरी तरह निश्चिंत नहीं थी। उस पर विशेष नजर रखने के लिए मुझसे बार-बार अनुरोध करती रहती। जब मैं उसके शक को परिहास के आवरण से ढकना चाहता तो मुझसे एक साथ कई प्रश्न पूछ बैठती, "क्या कभी किसी का लड़का नहीं चुराया गया? क्या काबुल में गुलाम नहीं बिकते? क्या एक लम्बे-तगड़े काबुली के लिए एक छोटे बच्चे का उठा ले जाना असम्भव है?" इत्यादि।

मुझे मानना पड़ता कि यह बात बिलकुल असम्भव भी नहीं है। भरोसा करने की शक्ति सबमें समान नहीं होती, अतः मिनी की माँ के मन में भय ही रह गया लेकिन केवल इसीलिए बिना किसी दोष के रहमत को अपने घर में आने से मना न कर सका।

हर वर्ष रहमत माघ मास में लगभग अपने देश लौट जाता है। इस समय वह अपने व्यापारियों से रुपया-पैसा वसूल करने में तल्लीन रहता है। उसे घर-घर, दुकान-दुकान घूमना पड़ता है, फिर भी मिनी से उसकी भेंट एक बार अवश्य हो जाती है। देखने में तो ऐसा प्रतीत होता है कि दोनों के मध्य किसी षड्यंत्र का श्रीगणेश हो रहा है। जिस दिन वह सवेरे नहीं आ पाता, उस दिन देखूँ तो

वह संध्या को हाजिर है। अँधेरे में घर के कोने में उस ढीले-ढाले जामा-पाजामा पहने, झोली वाले लम्बे-तगड़े आदमी को देखकर सचमुच ही मन में अचानक भय-सा पैदा हो जाता है।

लेकिन, जब देखता हूँ कि मिनी 'ओ काबुलीवाला' पुकारती हुई हँसती-हँसती दौड़ी आती है और दो भिन्न-भिन्न आयु के असम मित्रों में वही पुराना हास-परिहास चलने लगता है, तब मेरा सारा हृदय खुशी से नाच उठता है।

एक दिन सवेरे मैं अपने छोटे कमरे में बैठा हुआ नई पुस्तक के प्रूफ देख रहा था। जाड़ा, विदा होने से पूर्व, आज दो-तीन दिन खूब जोरों से अपना प्रकोप दिखा रहा है। जिधर देखो, उधर उस जाड़े की ही चर्चा है। ऐसे जाड़े-पाले में खिड़की में से सवेरे की धूप मेज के नीचे मेरे पैरों पर आ पड़ी। उसकी गर्मी मुझे अच्छी प्रतीत होने लगी। लगभग आठ बजे का समय होगा। सिर से मफलर लपेटे ऊषाचरण सवेरे की सैर करके घर की ओर लौट रहे थे। ठीक इस समय राह में एक बड़े जोर का शोर सुनाई दिया।

देखूँ तो अपने उस रहमत को दो सिपाही बाँधे लिए जा रहे हैं। उनके पीछे बहुत से तमाशाई बच्चों का झुंड चला आ रहा है। रहमत के ढीले-ढाले कुर्ते पर खून के दाग हैं और एक सिपाही के हाथ में खून से लथपथ छुरा। मैंने द्वार से बाहर निकलकर सिपाही को रोक लिया, पूछा, "क्या बात है?"

कुछ सिपाही से और कुछ रहमत से सुना कि हमारे एक पड़ोसी ने रहमत से रामपुरी चादर खरीदी थी। उसके कुछ रुपए उसकी ओर बाकी थे, जिन्हें देने से उसने साफ इन्कार कर दिया। बस इसी पर दोनों में बात बढ़ गई और रहमत ने छुरा निकालकर घोंप दिया।

रहमत उस झूठे बेईमान आदमी के लिए भिन्न-भिन्न प्रकार के अपशब्द सुना रहा था। इतने में "काबुलीवाला! ओ काबुलीवाला!" पुकारती हुई मिनी घर से निकल आई।

रहमत का चेहरा क्षण-भर में कौतुक हास्य से चमक उठा। उसके कंधे पर आज झोली नहीं थी। अतः झोली के बारे में दोनों मित्रों की अभ्यस्त आलोचना न चल सकी। मिनी ने आते ही पूछा, "तुम ससुराल जाओगे।"

रहमत ने प्रफुल्लित मन से कहा, "हां, वहीं तो जा रहा हूँ।"

रहमत ताड़ गया कि उसका यह जवाब मिनी के चेहरे पर हँसी न ला सकेगा और तब उसने हाथ दिखाकर कहा, "ससुर को मारता, पर क्या करूँ, हाथ बँधे हुए हैं।"

छुरा चलाने के जुर्म में रहमत को कई वर्ष का कारावास मिला।

रहमत का ध्यान धीरे-धीरे मन से बिल्कुल उतर गया। हम लोग अब अपने घर में बैठकर सदा के अभ्यस्त होने के कारण, नित्य के काम-धंधों में उलझे हुए दिन बिता रहे थे। तभी एक स्वाधीन पर्वतों पर घूमने वाला आदमी कारागार की प्राचीरों के अन्दर कैसे वर्ष पर वर्ष काट रहा होगा, यह बात हमारे मन में कभी उठी ही नहीं।

और चंचल मिनी का आचरण तो और भी लज्जाप्रद था। यह बात उसके पिता को भी माननी पड़ेगी। उसने सहज ही अपने पुराने मित्र को भूलकर पहले तो नबी सईस के साथ मित्रता जोड़ी, फिर क्रमशः जैसे-जैसे उसकी वयोवृद्धि होने लगी वैसे-वैसे सखा

के बदले एक के बाद एक उसकी सखियाँ जुटने लगीं और तो क्या, अब वह अपने बाबा के लिखने के कमरे में भी दिखाई नहीं देती। मेरा तो एक तरह से उसके साथ नाता ही टूट गया है।

कितने ही वर्ष बीत गये। वर्षों बाद आज फिर शरद ऋतु आई है। मिनी की सगाई की बात पक्की हो गई। पूजा की छुट्टियों में उसका विवाह हो जाएगा। कैलाशवासिनी के साथ-साथ अबकी बार हमारे घर की आनन्दमयी मिनी भी माँ-बाप के घर में अँधेरा करके ससुराल चली जाएगी।

सवेरे सूर्यदेव बड़ी सज-धज के साथ निकले। वर्षों के बाद शरद ऋतु की यह नई धवल धूप सोने में सुहागे का काम दे रही है। कलकत्ता की सँकरी गलियों से परस्पर सटे हुए पुराने टूटे फूटे घरों के ऊपर भी इस धूप की आभा ने एक प्रकार का अनोखा सौन्दर्य बिखेर दिया है।

हमारे घर पर सूर्यदेव के आगमन से पूर्व ही शहनाई बज रही है। मुझे ऐसा प्रतीत हो रहा है कि जैसे यह मेरे हृदय की धड़कनों में से रो-रोकर बज रही हो। उसकी करुण भैरवी रागिनी मानो मेरी विच्छेद पीड़ा को जाड़े की धूप के साथ सारे ब्रह्माण्ड में फैला रही है। मेरी मिनी का आज विवाह है।

सवेरे से घर बवंडर बना हुआ है। हर समय आने-जाने वालों का ताँता बँधा हुआ है। आँगन में बाँसों का मंडप बनाया जा रहा है। हरेक कमरे और बरामदे में झाड़फानूस लटकाए जा रहे हैं, और उनकी टक-टक की आवाज मेरे कमरे में आ रही है। 'चलो रे', 'जल्दी करो', 'इधर आओ' की तो कोई गिनती ही नहीं है।

मैं अपने लिखने-पढ़ने के कमरे में बैठा हुआ हिसाब लिख रहा था। इतने में रहमत आया और अभिवादन करके खड़ा हो गया।

पहले तो मैं उसे पहचान न सका। उसके पास न तो झोली थी और न पहले जैसे लम्बे-लम्बे बाल और न चेहरे पर पहले जैसी दिव्य ज्योति ही थी। अन्त में उसकी मुस्कान देखकर पहचान सका कि वह रहमत है।

मैंने पूछा, "क्यों रहमत, कब आए?"

उसने कहा, "कल शाम को जेल से छूटा हूँ।"

सुनते ही उसके शब्द मेरे कानों में खट से बज उठे। किसी खूनी को मैंने कभी आँखों से नहीं देखा था, उसे देखकर मेरा सारा मन एकाएक सिकुड़-सा गया। मेरी यही इच्छा होने लगी कि आज के इस शुभ दिन में वह इंसान यहाँ से टल जाए तो अच्छा हो।

मैंने उससे कहा, "आज हमारे घर में कुछ आवश्यक काम है, सो आज मैं उसमें लगा हुआ हूँ। आज तुम जाओ, फिर आना।"

मेरी बात सुनकर वह उसी क्षण जाने को तैयार हो गया। पर दरवाजे के पास आकर कुछ इधर-उधर देखकर बोला, "क्या, बच्ची को तनिक नहीं देख सकता?"

शायद उसे यही विश्वास था कि मिनी अब तक वैसी ही बच्ची बनी है। उसने सोचा हो कि मिनी अब भी पहले की तरह 'काबुलीवाला, ओ काबुलीवाला' पुकारती हुई दौड़ी चली आएगी। उन दोनों के पहले हास-परिहास में किसी प्रकार की रुकावट न होगी? यहाँ तक कि पहले की मित्रता की याद करके वह एक पेटी अंगूर और एक कागज के दोने में थोड़ी-सी किसमिस और बादाम,

शायद अपने देश के किसी आदमी से माँग-ताँगकर लेता आया था। उसकी पहले की मैली-कुचैली झोली आज उसके पास न थी।

मैंने कहा, "आज घर में बहुत काम है। सो किसी से भेंट न हो सकेगी।"

मेरा उत्तर सुनकर वह कुछ उदास-सा हो गया। उसी मुद्रा में उसने एक बार मेरे मुख की ओर स्थिर दृष्टि से देखा। फिर अभिवादन करके दरवाजे के बाहर निकल गया।

मेरे हृदय में जाने कैसी एक वेदना-सी उठी। मैं सोच ही रहा था कि उसे बुलाऊँ, इतने में देखा तो वह स्वयं ही आ रहा है।

वह पास आकर बोला, "ये अंगूर और कुछ किसमिस, बादाम बच्ची के लिए लाया था, उसको दे दीजिएगा।"

मैंने उसके हाथ से सामान लेकर पैसे देने चाहे, लेकिन उसने मेरे हाथ को थामते हुए कहा, "आपकी बहुत मेहरबानी है बाबू साहब, हमेशा याद रहेगी, पिसा रहने दीजिए।" तनिक रुककर फिर बोला- "बाबू साहब! आपकी जैसी मेरी भी देश में एक बच्ची है। मैं उसकी याद कर-कर आपकी बच्ची के लिए थोड़ी-सी मेवा हाथ में ले आया करता हूँ। मैं यह सौदा बेचने नहीं आता।"

कहते हुए उसने ढीले-ढाले कुर्ते के अन्दर हाथ डालकर छाती के पास से एक मैला-कुचैला मुड़ा हुआ कागज का टुकड़ा निकाला, और बड़े जतन से उसकी चारों तहें खोलकर दोनों हाथों से उसे फैलाकर मेरी मेज पर रख दिया।

देखा कि कागज के उस टुकड़े पर एक नन्हे-से हाथ के छोटे-से पंजे की छाप है। फोटो नहीं, तेलचित्र नहीं, हाथ में-थोड़ी-सी

कालिख लगाकर कागज के ऊपर उसी का निशान ले लिया गया है। अपनी बेटी के इस स्मृति-पत्र को छाती से लगाकर, रहमत हर वर्ष कलकत्ता के गली-कूचों में सौदा बेचने के लिए आता है और तब वह कालिख चित्र मानो उसकी बच्ची के हाथ का कोमल-स्पर्श, उसके बिछड़े हुए विशाल हृदय में अमृत उड़ेलता रहता है।

देखकर मेरी आँखें भर आईं और फिर मैं इस बात को बिल्कुल ही भूल गया कि वह एक मामूली काबुली मेवा वाला है, मैं एक उच्च वंश का रईस हूँ। तब मुझे ऐसा लगने लगा कि जो वह है, वही मैं हूँ। वह भी एक पिता है और मैं भी। उसकी पर्वतवासिनी छोटी बच्ची की निशानी मेरी ही मिनी की याद दिलाती है। मैंने तत्काल ही मिनी को बाहर बुलवाया हालाँकि इस पर अन्दर घर में आपत्ति की गई, पर मैंने उस पर कुछ भी ध्यान नहीं दिया। विवाह के वस्त्रों और अलंकारों में लिपटी हुई बेचारी मिनी मारे लज्जा के सिकुड़ी हुई-सी मेरे पास आकर खड़ी हो गई।

उस अवस्था में देखकर रहमत काबुल पहले तो सकपका गया। उससे पहले जैसी बातचीत न करते बना। बाद में हँसते हुए बोला, "लल्ली! सास के घर जा रही है क्या?"

मिनी अब सास का अर्थ समझने लगी थी, अतः अब उससे पहले की तरह उत्तर देते न बना। रहमत की बात सुनकर मारे लज्जा के उसके कपोल लाल हो उठे। उसने मुँह को फेर लिया। मुझे उस दिन की याद आई, जब रहमत के साथ मिनी का प्रथम परिचय हुआ था। मन में एक पीड़ा की लहर दौड़ गई।

मिनी के चले जाने के बाद, एक गहरी साँस लेकर रहमत फर्श पर बैठ गया। शायद उसकी समझ में यह बात एकाएक साफ

हो गई कि उसकी बेटी भी इतने दिनों में बड़ी हो गई होगी, और उसके साथ भी उसे अब फिर से नई जान-पहचान करनी पड़ेगी। सम्भवतः वह उसे पहले जैसी नहीं पाएगा। इन आठ वर्षों में उसका क्या हुआ होगा, कौन जाने? सवेरे के समय शरद की स्निग्ध सूर्य किरणों में शहनाई बजने लगी और रहमत कलकत्ता की एक गली के भीतर बैठा हुआ अफगानिस्तान के मेरु-पर्वत का दृश्य देखने लगा।

मैंने एक नोट निकालकर उसके हाथ में दिया और कहा, "रहमत, तुम देश चले जाओ, अपनी बेटी के पास। तुम दोनों के मिलन-सुख से मेरी मिनी सुख पाएगी।"

रहमत को रुपए देने के बाद विवाह के हिसाब में से मुझे उत्सव-समारोह के दो-एक अंग छाँटकर काट देने पड़े। जैसी मन में थी, वैसी रोशनी नहीं करा सका, अंग्रेजी बाजा भी नहीं आया, घर में औरतें बड़ी बिगड़ने लगीं, सब कुछ हुआ, फिर भी मेरा विचार है कि आज एक अपूर्व ज्योत्स्ना से हमारा शुभ समारोह उज्ज्वल हो उठा।

अनमोल भेंट

रायचरण बारह वर्ष की आयु से अपने मालिक का बच्चा खिलाने पर नौकर हुआ था। उसके पश्चात् काफी समय बीत गया। नन्हा बच्चा रायचरण की गोद से निकलकर स्कूल में प्रविष्ट हुआ, स्कूल से कॉलेज में पहुँचा, फिर एक सरकारी स्थान पर लग गया। किन्तु रायचरण अब भी बच्चा खिलाता था, यह बच्चा उसकी गोद के पाले हुए अनुकूल बाबू का पुत्र था।

बच्चा घुटनों के बल चलकर बाहर निकल जाता। जब रायचरण दौड़कर उसको पकड़ता तो वह रोता और अपने नन्हे-नन्हे हाथों से रायचरण को मारता।

रायचरण हंसकर कहता- हमारा भैया भी बड़ा होकर जज साहब बनेगा- जब वह रायचरण को चन्ना कहकर पुकारता तो उसका हृदय बहुत हर्षित होता। वह दोनों हाथ पृथ्वी पर टेककर घोड़ा बनता और बच्चा उसकी पीठ पर सवार हो जाता।

इन्हीं दिनों अनुकूल बाबू की बदली पदमा नदी के किनारे एक जिले में हो गई। नए स्थान की ओर जाते हुए कलकत्ते से उन्होंने अपने बच्चे के लिए मूल्यवान आभूषण और कपड़ों के अतिरिक्त एक छोटी-सी सुन्दर गाड़ी भी खरीदी।

वर्षा ऋतु थी। कई दिनों से मूसलाधर वर्षा हो रही थी। ईश्वर-ईश्वर करते हुए बादल फटे। संध्या का समय था। बच्चे ने बाहर जाने के लिए आग्रह किया। रायचरण उसे गाड़ी में बिठाकर बाहर ले गया। खेतों में पानी खूब भरा हुआ था। बच्चे ने फूलों का गुच्छा देखकर जिद की, रायचरण ने उसे बहलाना चाहा किन्तु वह न माना। विवश रायचरण बच्चे का मन रखने के लिए घुटनों-घुटनों पानी में फूल तोड़ने लगा। कई स्थानों पर उसके पांव कीचड़ में बुरी तरह धंस गये। बच्चा तनिक देर मौन गाड़ी में बैठा रहा, फिर उसका ध्यान लहराती हुई नदी की ओर गया। वह चुपके से गाड़ी से उतरा। पास ही एक लकड़ी पड़ी थी, उठा ली और भयानक नदी के तट पर पहुंचकर उसकी लहरों से खेलने लगा। नदी के शोर में ऐसा मालूम होता था कि नदी की चंचल और मुंहजोर जल-परियां सुन्दर बच्चे को अपने साथ खेलने के लिए बुला रही हैं।

रायचरण फूल लेकर वापस आया तो देखा गाड़ी खाली है। उसने इधर-उधर देखा, पैरों के नीचे से धरती निकल गई। पागलों की भांति चारों ओर देखने लगा। वह बार-बार बच्चे का नाम लेकर पुकारता था लेकिन उत्तर में 'चन्ना' की मधुर ध्वनि न आती थी।

चारों ओर अंधेरा छा गया। बच्चे की माता को चिन्ता होने लगी। उसने चारों ओर आदमी दौड़ाये। कुछ व्यक्ति लालटेन लिये हुए नदी के किनारे खोज करने पहुँचे। रायचरण उन्हें देखकर उनके चरणों में गिर पड़ा। उन्होंने उससे प्रश्न करने आरम्भ किये किन्तु वह प्रत्येक प्रश्न के उत्तर में यही कहता-मुझे कुछ मालूम नहीं।

यद्यपि प्रत्येक व्यक्ति की यह सम्मति थी कि छोटे बच्चे को पदमा नदी ने अपने आंचल में छिपा लिया है किन्तु फिर भी हृदय में विभिन्न प्रकार की शंकायें उत्पन्न हो रही थीं। एक यह कि उसी संध्या को निर्वासितों का एक समूह नगर से गया था और माँ को

संदेह था कि रायचरण ने कहीं बच्चे को निर्वासित के हाथों न बेच दिया हो। वह रायचरण को अलग ले गई और उससे विनती करते हुए कहने लगी- रायचरण, तुम मुझसे जितना रुपया चाहो ले लो, किन्तु परमात्मा के लिए मेरी दशा पर तरस खाकर मेरा बच्चा मुझको वापस कर दो।

परन्तु रायचरण कुछ उत्तर न दे सका, केवल माथे पर हाथ मारकर मौन हो गया।

स्वामिनी ने क्रोध और आवेश की दशा में उसको घर से बाहर निकाल दिया। अनुकूल बाबू ने पत्नी को बहुत समझाया किन्तु माता के हृदय से शंकाएं दूर न हुईं। वह बराबर यही कहती रही कि- मेरा बच्चा सोने के आभूषण पहने हुए था, अवश्य इसने...

रायचरण अपने गांव वापस चला आया। उसे कोई सन्तान न थी और न ही सन्तान होने की कोई सम्भावना थी। किन्तु साल की समाप्ति पर उसके घर पुत्र ने जन्म लिया परन्तु पत्नी सूतिका-गृह में ही मर गई। घर में एक विधवा बहन थी। उसने बच्चे के पालन-पोषण का भार अपने ऊपर लिया।

जब बच्चा घुटनों के बल चलने लगा, वह घर वालों की नजर बचा कर बाहर निकल जाता। रायचरण जब उसे दौड़कर पकड़ता तो वह चंचलता से उसको मारता। उस समय रायचरण के नेत्रों के सामने अपने उस नन्हे मालिक की सूरत फिर जाती जो पदमा नदी की लहरों में लुप्त हो गया था।

बच्चे की जबान खुली तो वह बाप को 'बाबा' और बुआ को 'मामा' इस ढंग से कहता था जिस ढंग से रायचरण का नन्हा मालिक बोलता था। रायचरण उसकी आवाज से चौंक उठता। उसे पूर्ण विश्वास था कि उसके मालिक ने उसके घर में जन्म लिया है।

इस विचार को निर्धारित करने के लिए उसके पास तीन प्रमाण थे। एक तो यह कि वह नन्हे मालिक की मृत्यु के थोड़े ही समय पश्चात् उत्पन्न हुआ। दूसरे यह कि उसकी पत्नी वृद्ध हो गई थी और सन्तान-उत्पत्ति की कोई आशा न थी। तीसरे यह कि बच्चे के बोलने का ढंग और उसकी सम्पूर्ण भाव-भंगिमाएं नन्हे मालिक से मिलती-जुलती थीं।

वह हर समय बच्चे की देख-भाल में संलग्न रहता। उसे भय था कि उसका नन्हा मालिक फिर कहीं गायब न हो जाए। वह बच्चे के लिए एक गाड़ी लाया और अपनी पत्नी के आभूषण बेचकर बच्चे के लिए आभूषण बनवा दिये। वह उसे गाड़ी में बिठाकर प्रतिदिन वायु-सेवन के लिए बाहर ले जाता था।

धीरे-धीरे दिन बीतते गये और बच्चा सयाना हो गया। परन्तु इस लाड़-चाव में वह बहुत बिगड़ गया था। किसी से सीधे मुंह बात न करता। गांव के लड़के उसे लाट साहब कहकर छेड़ते।

जब लड़का शिक्षा-योग्य हुआ तो रायचरण अपनी छोटी-सी जमीन बेचकर कलकत्ता आ गया। उसने दौड़-धूप करके नौकरी खोजी और फलन को स्कूल में दाखिल करवा दिया। उसको पूर्ण विश्वास था कि बड़ा होकर फलन अवश्य जज बनेगा।

होते-होते अब फलन की आयु बारह वर्ष हो गई। अब वह खूब लिख-पढ़ सकता था। उसका स्वास्थ्य अच्छा और सूरत-शक्ल भी अच्छी थी। उसको बनाव-श्रृंगार की भी बड़ी चिन्ता रहती थी। जब देखो दर्पण हाथ में लिये बाल बना रहा है।

वह अपव्ययी भी बहुत था। पिता की सारी आय व्यर्थ की विलास-सामग्री में व्यय कर देता। रायचरण उससे प्रेम तो पिता की भांति करता था, किन्तु प्रायः उसका बर्ताव उस लड़के से ऐसा

ही था जैसे मालिक के साथ नौकर का होता है। उसका फलन भी उसे पिता न समझता था। दूसरी बात यह थी कि रायचरण स्वयं को फलन का पिता प्रकट भी न करता था।

छात्रावास के विद्यार्थी रायचरण के गंवारपन का उपहास करते और फलन भी उन्हीं के साथ सम्मिलित हो जाता।

रायचरण ने जमीन बेचकर जो कुछ रुपया प्राप्त किया था वह अब लगभग सारा समाप्त हो चुका था। उसका साधारण वेतन फलन के खर्चों के लिए कम था। वह प्रायः अपने पिता से जेब-खर्च और विलास की सामग्री तथा अच्छे-अच्छे वस्त्रों के लिए झगड़ता रहता था।

आखिर एक युक्ति रायचरण के मस्तिष्क में आई उसने नौकरी छोड़ दी और उसके पास जो कुछ शेष रुपया था फलन को सौंपकर बोला- फलन, मैं एक आवश्यक कार्य से गांव जा रहा हूँ, बहुत जल्द वापस आ जाऊंगा। तुम किसी बात से घबराना नहीं।

2

रायचरण सीधा उस स्थान पर पहुंचा जहां अनुकूल बाबू जज के ओहदे पर लगे हुए थे। उनके और कोई दूसरी संतान न थी इस कारण उनकी पत्नी हर समय चिन्तित रहती थी।

अनुकूल बाबू कचहरी से वापस आकर कुर्सी पर बैठे हुए थे और उनकी पत्नी सन्तानोत्पत्ति के लिए बाजारू दवा बेचने वाले से जड़ी-बूटियां खरीद रही थी।

काफी दिनों के पश्चात् वह अपने वृद्ध नौकर रायचरण को देखकर आश्चर्यचकित हुई, पुरानी सेवाओं का विचार करके उसको रायचरण पर तरस आ गया और उससे पूछा- क्या तुम फिर नौकरी करना चाहते हो?

रायचरण ने मुस्कराकर उत्तर दिया- मैं अपनी मालकिन के चरण छूना चाहता हूँ।

अनुकूल बाबू रायचरण की आवाज सुनकर कमरे से निकल आये। रायचरण की शक्ल देखकर उनके कलेजे का जख्म ताजा हो गया और उन्होंने मुख फेर लिया।

रायचरण ने अनुकूल बाबू को सम्बोधित करके कहा- सरकार, आपके बच्चे को पदमा ने नहीं, बल्कि मैंने चुराया था।

अनुकूल बाबू ने आश्चर्य से कहा- तुम यह क्या कह रहे हो, क्या मेरा बच्चा वास्तव में जिन्दा है?

उसकी पत्नी ने उछलकर कहा- भगवान के लिए बताओ मेरा बच्चा कहां है?

रायचरण ने कहा- आप सन्तोष रखें, आपका बच्चा इस समय भी मेरे पास है।

अनुकूल बाबू की पत्नी ने रायचरण से अत्यधिक विनती करते हुए कहा- मुझे बताओ।

रायचरण ने कहा- मैं उसे परसों ले आऊंगा।

3

रविवार का दिन था। जज साहब अपने मकान में बेचैनी से रायचरण की प्रतीक्षा कर रहे थे। कभी वह कमरे में इधर-उधर टहलने लगते और कभी थोड़े समय के लिए आराम-कुर्सी पर बैठ जाते। आखिर दस बजे के लगभग रायचरण ने फलन का हाथ पकड़े हुए कमरे में प्रवेश किया।

अनुकूल बाबू की घरवाली फलन को देखते ही दीवानों की भांति उसकी ओर लपकी और उसे बड़े जोर से गले लगा लिया।

उनके नेत्रों से अश्रुओं का समुद्र उमड़ पड़ा। कभी वह उसको प्यार करती, कभी आश्चर्य से उसकी सूरत तकने लग जाती। फलन सुन्दर था और उसके कपड़े भी अच्छे थे। अनुकूल बाबू के हृदय में भी पुत्र-प्रेम का आवेश उत्पन्न हुआ, किन्तु जरा-सी देर के बार उनके पितृ-प्रेम का स्थान कानून भावना ने ले लिया और उन्होंने रायचरण से पूछा-भला इसका प्रमाण क्या है कि यह बच्चा मेरा है?

रायचरण ने उत्तर दिया- इसका उत्तर मैं क्या दूं सरकार! इस बात का ज्ञान तो परमात्मा के सिवाय और किसी को नहीं हो सकता कि मैंने ही आपका बच्चा चुराया था।

जब अनुकूल बाबू ने देखा कि उनकी पत्नी फलन को कलेजे से लगाये हुए है तो प्रमाण मांगना व्यर्थ है। इसके अतिरिक्त उन्हें ध्यान आया कि इस गंवार को ऐसा सुन्दर बच्चा कहां मिल सकता था और झूठ बोलने से क्या लाभ हो सकता है।

सहसा उन्हें अपने वृद्ध नौकर की बेध्यानी याद आ गई और कानूनी मुद्रा में बोले-रायचरण, अब तुम यहां नहीं रह सकते।

रायचरण ने ठंडी उसांस भरकर कहा-सरकार, अब मैं कहां जाऊं। बूढ़ा हो गया हूँ, अब मुझे कोई नौकर भी न रखेगा। भगवान के लिए अपने द्वार पर पड़ा रहने दीजिये।

अनुकूल बाबू की पत्नी बोली- रहने दो, हमारा क्या नुकसान है? हमारा बच्चा भी इसे देखकर प्रसन्न रहेगा।

किन्तु अनुकूल बाबू की कानूनी नस भड़की हुई थी। उन्होंने तुरन्त उत्तर दिया-नहीं, इसका अपराध बिल्कुल क्षमा नहीं किया जा सकता।

रायचरण ने अनुकूल बाबू के पांव पकड़ते हुए कहा- सरकार, मुझे न निकालिए, मैंने आपका बच्चा नहीं चुराया था बल्कि परमात्मा ने चुराया था।

अनुकूल बाबू को गंवार की इस बात पर और भी अधिक क्रोध आ गया। बोले-नहीं, अब मैं तुम पर विश्वास नहीं कर सकता। तुमने मेरे साथ कृतघ्नता की है।

रायचरण ने फिर कहा- सरकार, मेरा कुछ अपराध नहीं।

अनुकूल बाबू त्यौरियों पर बल डालकर कहने लगे- तो फिर किसका अपराध है?

रायचरण ने उत्तर दिया- मेरे भाग्य का।

परन्तु शिक्षित व्यक्ति भाग्य का अस्तित्व स्वीकार नहीं कर सकता।

फलन को जब मालूम हुआ कि वह वास्तव में एक धनी व्यक्ति का पुत्र है तो उसे भी रायचरण की इस चेष्टा पर क्रोध आया, कि उसने इतने दिनों तक क्यों उसे कष्ट में रखा। फिर रायचरण को देखकर उसे दया भी आ गई और उसने अनुकूल बाबू से कहा- पिताजी, इसको क्षमा कर दीजिए। यदि आप इसको अपने साथ नहीं रखना चाहते तो इसकी थोड़ी पेंशन कर दें।

इतना सुनने के बाद रायचरण अपने बेटे को अन्तिम बार देखकर अनुकूल बाबू की कोठी से निकलकर चुपचाप कहीं चला गया।

महीना समाप्त होने पर अनुकूल बाबू ने रायचरण के गांव कुछ रुपया भेजा किन्तु मनीआर्डर वापस आ गया क्योंकि गांव में अब इस नाम का कोई व्यक्ति न था।

गूँगी

कन्या का नाम जब सुभाषिणी रखा गया था तब कौन जानता था कि वह गूंगी होगी। इसके पहले, उसकी दो बड़ी बहनों के सुकेशिनी और सुहासिनी नाम रखे जा चुके थे, इसी से तुकबन्दी मिलाने के हेतु उसके पिता ने छोटी कन्या का नाम रख दिया सुभाषिणी। अब केवल सब उसे 'सुभा' ही कहकर बुलाते हैं।

बहुत खोज और खर्च के बाद दोनों बड़ी कन्याओं के हाथ पीले हो चुके हैं, और अब छोटी कन्या सुभा माता-पिता के हृदय के नीरव बोझ की तरह घर की शोभा बढ़ा रही है। जो बोल नहीं सकती, वह सब-कुछ अनुभव कर सकती है- यह बात सबकी समझ में नहीं आती, और इसी से सुभा के सामने ही सब उसके भविष्य के बारे में तरह-तरह की चिन्ता-फिक्र की बातें किया करते हैं। किन्तु स्वयं सुभा इस बात को बचपन से ही समझ चुकी है कि उसने विधाता के शाप के वशीभूत होकर ही इस घर में जन्म लिया है। इसका फल यह निकला कि वह सदैव अपने को सब परिजनों की दृष्टि से बचाये रखने का प्रयत्न करने लगी। वह मन-ही-मन सोचने लगी कि उसे सब भूल जाएं तो अच्छा हो। लेकिन, जहां पीड़ा है, उस स्थान को क्या कभी कोई भूल सकता है? माता-पिता के मन में वह हर समय पीड़ा की तरह जीती-जागती बनी रहती है।

विशेषकर उसकी माता उसे अपनी ही किसी गलती के रूप में देखती है क्योंकि प्रत्येक माता पुत्र की अपेक्षा पुत्री को कहीं अधिक अपने अंश के रूप में देखती है। और, पुत्री में किसी प्रकार की कमी होने पर, उसे अपने लिए मानो विशेष रूप से लज्जाजनक बातें समझती है। सुभा के पिता वाणीकंठ तो सुभा को अपनी दोनों बड़ी पुत्रियों की अपेक्षा कुछ अधिक ही स्नेह करते हैं पर माता उसे अपने गर्भ का कलंक समझकर उससे उदासीन ही रहती है।

सुभा को बोलने की जबान नहीं है, पर उसकी लम्बी-लम्बी पलकों में दो बड़ी-बड़ी काली आंखें अवश्य हैं, और उसके ओष्ठ तो मन के भावों के तनिक से संकेत पर नए पल्लव की तरह कांप-कांप उठते हैं।

वाणी द्वारा हम जो अपने मन के भाव प्रकट करते हैं उसको हमें बहुत कुछ अपनी चेष्टाओं से गढ़ लेना पड़ता है, बस, कुछ अनुवाद करने के समान ही समझिए। और, वह हर समय ठीक भी नहीं होता, ताकत की कमी से बहुधा उसमें भूल हो जाती है। लेकिन खंजन जैसी आंखों को कभी कुछ भी अनुवाद नहीं करना पड़ता, मन अपने-आप ही उन पर छाया डालता रहता है, मन के भाव अपने आप ही उस छाया में कभी विस्तृत होते और कभी सिकुड़ते हैं। कभी-कभी आंखें चमक-दमककर जलने लगती हैं और कभी उदासीनता की कालिमा में बुझ-सी जाती हैं, कभी डूबते हुए चन्द्रमा की तरह टकटकी लगाए न जाने क्या देखती रहती हैं तो कभी चंचल दामिनी की तरह, ऊपर-नीचे, इधर-उधर चारों ओर बड़ी तेजी से छिटकने लगती हैं। और विशेषकर मुंह के भाव के सिवा जिसके पास जन्म से ही और कोई भाषा नहीं, उसकी आंखों की भाषा तो बहुत उदार और अथाह गहरी होती ही है, करीब-करीब साफ-सुथरे नील-गगन के समान। उन आंखों को

उदय से अस्त तक, सुबह से शाम तक और शाम से सुबह तक छवि-लोक की निस्तब्ध रंगभूमि ही मानना चाहिए। जिह्वाहीन इस कन्या में विशाल प्रकृति के समान एक जनहीन महानता है और यही कारण है कि साधारण लड़के-लड़कियों को उसकी ओर से किसी-न-किसी प्रकार का भय-सा बना रहता, उसके साथ कोई खेलता नहीं। वह नीरव दुपहरिया के समान शब्दहीन और संगहीन एकान्तवासिनी बनी रहती।

2

गांव का नाम है चंडीपुर। उसके पार्श्व में बहने वाली सरिता बंगाल की एक छोटी-सी सरिता है, गृहस्थ के घर की छोटी लड़की के समान। बहुत दूर तक उसका फैलाव नहीं है, उसको तनिक भी आलस्य नहीं, वह अपनी इकहरी देह लिये अपने दोनों छोरों की रक्षा करती हुई अपना काम करती जाती है। दोनों छोरों के ग्रामवासियों के साथ मानो उसका एक-न-एक सम्बन्ध स्थापित हो गया है। दोनों ओर गांव हैं, और वृक्षों के छायादार ऊँचे किनारे हैं, जिनके नीचे से गांव की लक्ष्मी सरिता अपने-आपको भूलकर शीघ्रता के साथ कदम बढ़ाती हुई बहुत ही प्रसन्न-चित्त असंख्य शुभ कार्यों के लिए चली जा रही है।

वाणीकंठ का अपना घर नदी के बिल्कुल एक छोर पर है। उसका खपच्चियों का बेड़ा, ऊंचा छप्पर गाय-घर, भुस का ढेर, आम, कटहल और केलों का बगीचा हरेक नाविक की दृष्टि अपनी ओर आकर्षित करता है। ऐसे घर में, आसानी से चलने वाली ऐसी सुख की गृहस्थी में, उस गूंगी कन्या पर किसी की दृष्टि पड़ती है या नहीं, मालूम नहीं। पर काम-धन्धों से ज्योंही उसे तनिक फुर्सत मिलती, त्योंही झट से वह उस नदी के किनारे जा बैठती।

प्रकृति अपने पार्श्व में बैठकर उसकी सारी कमी को पूर्ण कर देती है। नदी की स्वर-ध्वनि, मनुष्यों का शोर, नाविकों का सुमधुर गान, चिड़ियों का चहचहाना, पेड़-पौधों की मर्मर ध्वनि, सब मिलकर चारों ओर के गमनागमन आन्दोलन और कम्पन के साथ होकर सागर की उत्ताल तरंगों के समान उस बालिका के चिर-स्तब्ध हृदय उपकूल के पार्श्व में आ कर मानो टूट-फूट पड़ती हैं। प्रकृति के ये अनोखे शब्द और अनोखे गीत-यह भी तो गूंगी की ही भाषा है, बड़ी-बड़ी आंखों और उसमें भी बड़ी पलकों वाली सुभाषिणी की जो भाषा है, उसी का मानो वह विश्वव्यापी फैलाव है। जिसमें झींगुरों की झिन-झिन ध्वनि से गूंजती हुई तृणभूमि से लेकर शब्दातीत नक्षत्र-लोक तक केवल इंगित, संगीत, क्रन्दन और उच्छ्वासें भरी पड़ी हैं।

और दुपहरिया को नाविक और मछुए, खाने के लिए अपने-अपने घर जाते, गृहस्थ और पक्षी आराम करते, पार उतारने वाली नौका बन्द पड़ी रहती, जन-समाज अपने सारे काम-धन्धों के बीच में रुककर सहसा भयानक निर्जन मूर्ति धारण करता, तब रुद्र महाकाल के नीचे एक गूंगी प्रकृति और एक गूंगी कन्या दोनों आमने-सामने चुपचाप बैठी रहतीं। एक दूर तक फैली हुई धूप में और दूसरी एक छोटे-से वृक्ष की छाया में।

3

सुभाषिणी की कोई सहेली हो ही नहीं, सो बात नहीं। गौ-घर में दो गायें हैं, एक का नाम है सरस्वती और दूसरी का नाम है पार्वती। ये नाम सुभाषिणी के मुंह से उन गायों ने कभी भी नहीं सुने, परन्तु वे उसके पैरों की मन्थर गति को भलीभांति पहचानती हैं। सुभाषिणी का बिना बातों का एक ऐसा करुण स्वर है, जिसका अर्थ वे भाषा

की अपेक्षा कहीं अधिक सरलता से समझ जाती हैं। वह कभी उन पर लाड़ करती, कभी डांटती और कभी प्रार्थना का भाव दर्शाकर उन्हें मनाती और इन बातों को उसकी 'सारो' और 'पारो' इन्सान से कहीं अधिक और भलीभांति समझ जाती हैं।

सुभाषिणी गौ-घर में घुसकर अपनी दोनों बांहों से जब 'सारो' की गर्दन पकड़कर उसके कान के पास अपनी कनपटी रगड़ती है, तब 'पारो' स्नेह की दृष्टि से उसकी ओर निहारती हुई, उसके शरीर को चाटने लगती है। सुभाषिणी दिन-भर में कम-से-कम दो-तीन बार तो नियम से गौ-घर में जाया करती। इसके सिवा अनियमित आना-जाना भी बना रहता। घर में जिस दिन वह कोई सख्त बात सुनती, उस दिन उसका समय अपनी गूंगी सखियों के पास बीतता। सुभाषिणी की सहनशील और विषाद-शान्त चितवन को देखकर वे न जाने कैसे एक अन्य अनुमान शक्ति में उसकी मर्म-वेदना को समझ जातीं और उसकी देह से सटकर धीरे-धीरे उसकी बांहों पर सींग घिस-घिसकर अपनी मौन आकुलता से उसको धैर्य बंधाने का प्रयत्न करतीं।

इसके सिवा, एक बकरी और बिल्ली का बच्चा भी था। उनके साथ सुभाषिणी की गहरी मित्रता तो नहीं थी, फिर भी वे उससे बहुत प्यार रखते और कहने के अनुसार चलते। बिल्ली का बच्चा, चाहे दिन हो या रात, जब-तब सुभाषिणी की गर्म गोद पर बिना किसी संकोच के अपना हक जमा लेता और सुख की नींद सोने की तैयारी करता और सुभाषिणी जब उसकी गर्दन और पीठ पर अपनी कोमल उंगलियां फेरती, तब तो वह ऐसे आन्तरिक भाव दर्शाने लगता, मानो उसको नींद में खास सहायता मिल रही है।

4

ऊँची श्रेणी के प्राणियों में सुभाषिणी को और भी एक मित्र मिल गया था, किन्तु उसके साथ उसका ठीक कैसा सम्बन्ध था, इसकी पक्की खबर बताना मुश्किल है। क्योंकि उसके बोलने की जिह्वा है और वह गूंगी है, अतः दोनों की भाषा एक नहीं थी।

वह था गुसाइयों का छोटा लड़का प्रताप! प्रताप बिल्कुल आलसी और निकम्मा था। उसके माता-पिता ने बड़े प्रयत्नों के उपरान्त इस बात की आशा तो बिल्कुल छोड़ दी थी कि वह कोई काम-काज करके घर-गृहस्थी की कुछ सहायता करेगा।

निकम्मों के लिए एक बड़ा सुभीता यह है कि परिजन उन पर बेशक नाराज रहें पर बाहरी जनों के लिए वे प्रायः स्नेहपात्र होते हैं, कारण, किसी विशेष काम में न फंसे रहने से वे सरकारी मिलकियत-से बन जाते हैं। नगरों में जैसे घर के पार्श्व में या कुछ दूर पर एक-आध सरकारी बगीचे का रहना आवश्यक है, वैसे ही गांवों में दो-चार निठल्ले-निकम्मे सरकारी इन्सानों का रहना आवश्यक है। काम-धन्धों में, हास-परिहास में और जहां कहीं भी एक-आध की कमी देखी, वहीं वे चट-से हाथ के पास ही मिल जाते हैं।

प्रताप की विशेष रुचि एक ही है। वह है मछली पकड़ना। इससे उसका बहुत-सा समय आसानी के साथ कट जाता है। तीसरे पहर सरिता के तीर पर बहुधा वह इस काम में तल्लीन दिखाई देता और इसी बहाने सुभाषिणी से उसकी भेंट हुआ करती। चाहे किसी भी काम में हो, पार्श्व में एक हमजोली मिलने मात्र से ही प्रताप का हृदय खुशी से नाच उठता। मछली के शिकार में मौन साथी ही सबसे श्रेयस्कर माना जाता है, अतः प्रताप सुभाषिणी की खूबी को जानता है और कद्र करता है। यही कारण है कि और सब

तो सुभाषिणी को 'सुभा' कहते, किन्तु प्रताप उसमें और भी स्नेह भरकर सुभा को 'सू' कहकर पुकारता।

सुभाषिणी इमली के वृक्ष के नीचे बैठी रहती और प्रताप पास ही जमीन पर बैठा हुआ सरिता-जल में कांटा डालकर उसी की ओर निहारता रहता। प्रताप के लिए उसकी ओर से हर रोज एक पान का बीड़ा बंधा हुआ था और उसे स्वयं वह अपने हाथ से लगा कर लाती। और शायद, बहुत देर तक बैठे-बैठे, देखते-देखते उसकी इच्छा होती कि वह प्रताप की कोई विशेष सहायता करे, उसके किसी काम में सहारा दे। उसके ऐसा मन में आता कि किसी प्रकार वह यह बता दे कि संसार में वह भी एक कम आवश्यक व्यक्ति नहीं। लेकिन उसके पास न तो कुछ करने को था और वह न कुछ कर ही सकती थी। तब वह मन-ही-मन भगवान से ऐसी अलौकिक शक्ति के लिए विनती करती कि जिससे वह जादू-मन्तर से चट से ऐसा कोई चमत्कार दिखा सके जिसे देखकर प्रताप दंग रह जाये, और कहने लगे- "अच्छा! 'सू' में यह करामात! मुझे क्या पता था?"

मान लो, सुभाषिणी यदि जल-परी होती और धीरे-धीरे जल में से निकलकर सर्प के माथे की मणि घाट पर रख देती और प्रताप अपने उस छोटे-से धंधे को छोड़कर मणि को पाकर जल में डुबकी लगाता और पाताल में पहुंचकर देखता कि रजत-प्रासाद में स्वर्ण-जड़ित शैया पर कौन बैठी है? और आश्चर्य से मुंह खोलकर कहता- "अरे! यह तो अपनी वाणीकंठ के घर की वही गूंगी छोटी कन्या है 'सू'! मेरी 'सू' आज मणियों से जटित, गम्भीर, निस्तब्ध पातालपुरी की एकमात्र जलपरी बनी बैठी है।" तो! क्या यह बात हो ही नहीं सकती, क्या यह नितान्त असम्भव

ही है? वास्तव में कुछ भी असम्भव नहीं। लेकिन फिर भी, 'सू' प्रजा-शून्य पातालपुरी के राजघराने में जन्म न लेकर वाणीकंठ के घर पैदा हुई है, और इसीलिए वह आज गुसांइयों के घर के लड़के प्रताप को किसी प्रकार के आश्चर्य से अचम्भित नहीं कर सकती।

5

सुभाषिणी की अवस्था दिन-प्रतिदिन बढ़ती ही जा रही है। धीरे-धीरे मानो वह अपने आपको अनुभव कर रही है। मानो किसी एक पूर्णिमा को किसी सागर से एक ज्वार-सा आकर उसके अन्तराल को किसी एक नवीन अनिर्वचनीय चेतना-शक्ति से भर-भर देता है। अब मानो वह अपने-आपको देख रही है, अपने विषय में कुछ सोच रही है, कुछ पूछ रही है, लेकिन कुछ समझ नहीं पाती।

पूर्णिमा की गाढ़ी रात्रि में उसने एक दिन धीरे-से कक्ष के झरोखे को खोलकर, भयत्रस्तावस्था में मुंह निकाल कर बाहर की ओर देखा। देखा कि सम्पूर्ण-प्रकृति भी उसके समान सोती हुई दुनिया पर अकेली बैठी हुई जाग रही है। वह भी यौवन के उन्माद से, आनन्द से, विषाद से, असीम नीरवता की अन्तिम परिधि तक, यहां तक कि उसे भी पार करके चुपचाप स्थिर बैठी है, एक शब्द भी उसके मुख से नहीं निकल रहा है। मानो इस स्थिर निस्तब्ध प्रकृति के एक छोर पर उससे भी स्थिर और उससे भी निस्तब्ध एक भोली लड़की खड़ी हो।

इधर कन्या के विवाह की चिन्ता में माता-पिता बहुत बेचैन हो उठे हैं और गांव के लोग भी यत्र-तत्र निन्दा कर रहे हैं। यहां तक कि जातिविच्छेद कर देने की भी अफवाह उड़ी हुई है। वाणीकंठ की आर्थिक दशा वैसे अच्छी है, खाते-पीते आराम से हैं और इसी कारण इनके शत्रुओं की भी गिनती नहीं है।

स्त्री-पुरुषों में इस बात पर बहुत-कुछ सलाह-मशविरा हुआ। कुछ दिनों के लिए वाणीकंठ गांव से बाहर परदेश चले गये।

अन्त में, एक दिन घर लौटकर पत्नी से बोले-'चलो, कलकत्ते चले चलें? कलकत्ता-गमन की तैयारियां पूरे जोर-शोर से होने लगीं। कुहरे से ढके हुए सवेरे के समान सुभा का सारा अन्तःकरण अश्रुओं की भाप से ऊपर तक भर आया। भावी आशंका से भयभीत होकर वह कुछ दिनों में मूक पशु की तरह लगातार अपने माता-पिता के साथ रहती और अपने बड़े-बड़े नेत्रों से उनके मुख की ओर देखकर मानो कुछ समझने का प्रयत्न किया करती पर वे उसे, कोई भी बात समझाकर बताते ही नहीं थे।

इसी बीच में एक दिन तीसरे पहर, तट के समीप मछली का शिकार करते हुए प्रताप ने हँसते-हँसते पूछा- ''क्यों री सू, मैंने सुना है कि तेरे लिए वर मिल गया है, तू विवाह करने कलकत्ता जा रही है। देखना, कहीं हम लोगों को भूल मत जाना। ''इतना कहकर वह जल की ओर निहारने लगा।

तीर से घायल हिरणी जैसे शिकारी की ओर ताकती और आँखों-ही-आँखों में वेदना प्रकट करती हुई कहती रहती है, "मैंने तुम्हारा क्या बिगाड़ा था?" सुभा ने लगभग वैसे ही प्रताप की ओर देखा, उस दिन वह वृक्ष के नीचे नहीं बैठी। वाणीकंठ जब बिस्तर से उठकर धूम्रपान कर रहे थे। सुभा उनके चरणों के पास बैठकर उनके मुख की ओर देखती हुई रोने लगी। अन्त में बेटी को ढाढस और सान्त्वना देते हुए पिता के सूखे हुए कपोलों पर अश्रु की दो बूंदें ढुलक पड़ीं।

कल कलकत्ता जाने का शुभमुहूर्त है। सुभा ग्वाल-घर में अपनी चिर-संगिनियों से विदा लेने के लिए गई। उन्हें अपने हाथ

से खिलाकर गले में बांह डालकर वह अपनी दोनों आंखों से खूब जी-भर के उनसे बातें करने लगी। उसके दोनों नेत्र अश्रुओं के बांध को न रोक सके।

उस दिन शुक्ला-द्वादशी की रात थी। सुभा अपनी कोठरी में से निकल कर उसी जाने-पहचाने सरिता-तट के कच्चे घाट के पास घास पर औंधी लेट गई। मानो वह अपनी और अपनी गूंगी जाति की पृथ्वी माता से अपनी दोनों बांहों को लिपटाकर कहना चाहती है, ''तू मुझे कहीं के लिए मत विदा कर मां, मेरे समान तू मुझे अपनी बाहों से पकड़े रख, कहीं मत विदा कर।''

6

कलकत्ते के एक किराये के मकान में एक दिन सुभा की माता ने उसे वस्त्रों से खूब सजा दिया। कसकर उसका जूड़ा बांध दिया, उसमें जरी का फीता लपेट दिया, आभूषणों से लादकर उसके स्वाभाविक सौंदर्य को भरसक मिटा दिया। सुभा के दोनों नेत्र अश्रुओं से गीले थे। नेत्र कहीं सूख न जायें, इस भय से माता ने उसे बहुत समझाया-बुझाया और अन्त में फटकारा भी, पर अश्रुओं ने फटकार की कोई परवाह न की।

उस दिन कई मित्रों के साथ वह कन्या को देखने के लिए आया। कन्या के माता-पिता चिन्तित, शंकित और भयभीत हो उठे। मानो देवता स्वयं अपनी बलि के पशुओं को देखने आये हों।

अन्दर से बहुत डांट-फटकार बताकर कन्या के अश्रुओं की धारा को और भी तीव्र रूप देकर उसे निरीक्षकों के सम्मुख भेज दिया।

निरीक्षकों ने बहुत देर तक देखभाल के उपरान्त कहा- ''ऐसी कोई बुरी भी नहीं है।''

विशेषकर कन्या के अश्रुओं को देखकर वे समझ गये कि इसके हृदय में कुछ दर्द भी है और फिर हिसाब लगाकर देखा कि जो हृदय आज माता-पिता के बिछोह की बात सोचकर इस प्रकार द्रवित हो रहा है, अन्त में कल उन्हीं के काम वह आयेगा। सीप के मोती के समान कन्या के आंसुओं की बूंदें उसका मूल्य बढ़ाने लगीं। उसकी ओर से और किसी को कुछ कहना ही नहीं पड़ा।

पत्रा देखकर, खूब अच्छे मुहूर्त में सुभा का विवाह-संस्कार हो गया।

गूंगी कन्या को दूसरों के हाथ सौंपकर माता-पिता अपने घर लौट आये। और तब कहीं उनकी जाति और परलोक की रक्षा हो सकी।

सुभा का पति पछांह की ओर नौकरी करता है। विवाह के उपरान्त शीघ्र ही वह पत्नी को लेकर नौकरी पर चला गया।

एक सप्ताह के अन्दर ससुराल के सब लोग समझ गये कि बहू गूंगी है, पर इतना किसी ने न समझा कि इसमें उसका अपना कोई दोष नहीं, उसने किसी के साथ विश्वासघात नहीं किया है। उसके नेत्रों ने सभी बातें कह दी थीं, किन्तु कोई उसे समझ न सका। अब वह चारों ओर निहारती रहती है, उसे अपने मन की बात कहने की भाषा नहीं मिलती। जो गूंगे की भाषा समझते थे, उसके जन्म से परिचित थे, वे चेहरे उसे यहां दिखाई नहीं देते। कन्या के गहरे शान्त अन्तःकरण में असीम अव्यक्त क्रन्दन ध्वनित हो उठा, और सृष्टिकर्ता के सिवा और कोई उसे सुन ही न सका।

अबकी बार उसका पति अपनी आंखों और कानों से ठीक प्रकार परीक्षा लेकर एक बोलने वाली कन्या को ब्याह लाया।

पोस्टमास्टर

काम शुरू करते ही पहले पहल पोस्टमास्टर को उलापुर गांव आना पड़ा। गांव बहुत साधारण था। गांव के पास ही एक नील-कोठी थी। इसीलिए कोठी के स्वामी ने बहुत कोशिश करके यह नया पोस्टऑफिस खुलवाया था।

हमारे पोस्टमास्टर कलकत्ता के थे। पानी से निकलकर सूखे में डाल देने से मछली की जो दशा होती है वही दशा इस बड़े गांव में आकर इन पोस्टमास्टर की हुई। एक अंधेरी आठचाला[1] में उनका ऑफिस था, पास ही काई से घिरा एक तालाब था, जिसके चारों ओर जंगल था। कोठी में गुमाश्ते वगैरह जितने भी कर्मचारी थे उन्हें अक्सर फुर्सत नहीं रहती थी, न वे शिष्टजनों से मिलने-जुलने के योग्य ही थे।

खासतौर से कलकत्ता के बाबू ठीक तरह से मिलना-जुलना नहीं जानते। नई जगह में पहुंचकर वे या तो उद्धत हो जाते हैं या अप्रतिभ। इसलिए स्थानीय लोगों से उनका मेल-जोल नहीं हो पाता। इधर काम भी ज्यादा नहीं था। कभी-कभी एकाध कविता

---

1 फूस के अठपहलू से ढका बड़ा घर

लिखने की कोशिश करते। उनमें इस प्रकार के भाव व्यक्त करते-दिनभर तरु-पल्लवों का कम्पन और आकाश के बादल देखते-देखते जीवन बड़े सुख से कट जाता है। लेकिन अन्तर्यामी जानते हैं कि यदि अलिफलैला का कोई दैत्य आकर एक ही रात में तरु-पल्लव समेत इन सारे पेड़-पौधों को काटकर पक्का रास्ता तैयार कर देता और पंक्तिबद्ध अट्टालिकाओं द्वारा बादलों को दृष्टि से ओझल कर देता तो यह मृतप्राय भद्र वंशधर नवीन जीवन-लाभ कर लेता।

पोस्टमास्टर को बहुत कम तनख्वाह मिलती थी। अपने हाथों बनाकर खाना पड़ता और गांव की एक मातृ-पितृ-हीन अनाथ बालिका इनका काम-काज कर देती थी। उसको थोड़ा-बहुत खाना मिल जाता। लड़की का नाम था रतन। उम्र बारह-तेरह। उसके विवाह की कोई विशेष सम्भावना नहीं दिखाई देती थी।

शाम को जब गांव की गोशाला से कुंडलाकार धुआं उठता, झाड़ियों में झींगुर बोलते दूर के गांव में पियक्कड़ बाउलों का दल ढोल-करताल बजाकर ऊंचे स्वर में गीत छेड़ देता-जब अन्दर बरामदे में अकेले बैठे-बैठे वृक्षों का कम्पन देखकर कवि-हृदय में भी ईषत् हृत्कंप होने लगता तब कमरे के कोने में एक टिमटिमाता हुआ दिया जलाकर पोस्टमास्टर आवाज लगाते-'रतन'।

रतन दरवाजे पर बैठी इस आवाज की प्रतीक्षा करती रहती। लेकिन पहली आवाज पर ही अन्दर न आती। वहीं से कहती, "क्या है बाबू, किसलिए बुला रहे हो?"

पोस्टमास्टर, "तू क्या कर रही है?"

रतन, "बस चूल्हा जलाने ही जा रही हूँ, रसोईघर में।"

पोस्टमास्टर, "तेरा रसोई का काम पीछे हो जायेगा। पहले हुक्का भर ला!"

थोड़ी देर में अपने गाल फुलाए चिलम में फूंक मारती-मारती रतन भीतर आती। उसके हाथ से हुक्का लेकर पोस्टमास्टर चट से पूछ बैठते, "अच्छा रतन, तुझे अपनी माँ की याद है?"

बड़ी लम्बी बातें हैं, बहुत-सी याद हैं, बहुत-सी याद भी नहीं। माँ की अपेक्षा पिता उसको अधिक प्यार करते थे। पिता की उसे थोड़ी-थोड़ी याद है। दिन भर मेहनत करके उसके पिता शाम को घर लौटते। भाग्य से उन्हीं में से दो-एक शामों की याद उसके मन में चित्र के समान अंकित है। उन्हीं की बात करते-करते धीरे-धीरे रतन पोस्टमास्टर के पास ही जमीन पर बैठ जाती। उसे ध्यान आता, उसका एक भाई था। बहुत दिन पहले बरसात में एक दिन तालाब के किनारे दोनों ने मिलकर पेड़ की टूटी हुई टहनी की बंसी बनाकर झूठ-मूठ मछली पकड़ने का खेल खेला था। अनेक महत्त्वपूर्ण घटनाओं की अपेक्षा इसी बात की याद उसे अधिक आती। इस तरह बातें करते-करते कभी-कभी काफी रात हो जाती। तब आलस के मारे पोस्टमास्टर को खाना बनाने की इच्छा न होती। सबेरे की बासी तरकारी रहती और रतन झटपट चूल्हा जलाकर कुछ रोटियां सेक लेती। उन्हीं से दोनों के रात्रि-भोजन का काम चल जाता।

कभी-कभी शाम को उस बृहत् आठचाला के एक कोने में ऑफिस की काठ की कुर्सी पर बैठे-बैठे पोस्टमास्टर भी अपने घर की बात चलाते-छोटे-भाई की बात, माँ और दीदी की बात, प्रवास में एकान्त कमरे में बैठकर जिन लोगों के लिए हृदय कातर

हो उठता उनकी बात। जो बातें उनके मन में बार-बार उदय होती रहतीं, पर जो नील-कोठी के गुमाश्तों के सामने किसी भी तरह नहीं उठाई जा सकती थीं, उन्हीं बातों को उस अनपढ़ नन्ही बालिका से कहते उन्हें बिल्कुल संकोच न लगता। अन्त में ऐसा हुआ कि बालिका बातचीत करते समय उनके घर वालों को चिरपरिचितों के समान खुद भी मां, दादा, दीदी कहने लगी। यहां तक कि अपने नन्हे-से हृदयपट पर उसने उनकी काल्पनिक मूर्ति भी चित्रित कर ली थी।

एक दिन बरसात की दोपहर में बादल छंट गए थे और हलका-सा ताप लिये सुकोमल हवा चल रही थी। धूप में नहाई घास से और पेड़-पौधों से एक प्रकार की गन्ध निकल रही थी ऐसा लगता था मानो क्लान्त धरती का उष्ण निःश्वास अंगों को छू रहा हो और न जाने कहाँ का एक हठी पक्षी दोपहर-भर प्रकृति के दरबार में लगातार एक लय से अत्यन्त करुण स्वर में अपनी नालिश दुहरा रहा था। उस दिन पोस्टमास्टर के हाथ खाली थे। वर्षों के धुले लहलहाते चिकने मृदुल तरु-पल्लव और धूप में चमकते पराजित वर्षा के भग्नावशिष्ट स्तूपाकार बादल सचमुच देखने योग्य थे।

पोस्टमास्टर उन्हें देखते जाते और सोचते जाते कि इस समय यदि कोई आत्मीय अपने पास होता, हृदय के साथ एकान्त संलग्न कोई स्नेह की प्रतिमा मानव-मूर्ति। धीरे-धीरे उन्हें ऐसा लगने लगा मानो वह पक्षी भी बार-बार यही कह रहा हो, और मानो उस निर्जन में तरु-छाया में डूबी दोपहर के पल्लव-मर्मर का भी कुछ ऐसा ही अर्थ हो। न तो कोई विश्वास कर सकता, न जान पाता, लेकिन उस छोटे से गांव के सामान्य वेतन भोगी उस सब-पोस्टमास्टर के मन

में छुट्टी के लम्बे दिनों में गम्भीर सुनसान दोपहर में इसी प्रकार के भाव उदय होते रहते।

पोस्टमास्टर ने एक दीर्घ निःश्वास लिया और फिर आवाज लगाई, "रतन !"

रतन उस समय अमरूद के पेड़ के नीचे पैर फैलाए कच्चा अमरूद खा रही थी वह मालिक की आवाज सुनते ही तुरन्त दौड़ी हुई आई और हांफती-हांफती बोली, "भैयाजी, बुला रहे थे ?'

पोस्टमास्टर ने कहा, "मैं तुझे थोड़ा-थोड़ा करके पढ़ना सिखाऊंगा।" और फिर दोपहर-भर उसके साथ 'छोटा अ', 'बड़ा अ' करते रहे। इस तरह कुछ दिनों में संयुक्त अक्षर भी पार कर लिए।

सावन का महीना था। लगातार वर्षा हो रही थी। गड्ढे, नाले, तालाब, सब पानी से भर गए थे। रात-दिन मेढक की टर्र-टर्र और वर्षा की आवाज। गांव के रास्तों में चलना-फिरना लगभग बन्द हो गया था। हाट के लिए नाव में चढ़कर जाना पड़ता।

एक दिन सवेरे से ही बादल खूब घिरे हुए थे। पोस्टमास्टर की शिष्या बड़ी देर से दरवाजे के पास बैठी प्रतीक्षा कर रही थी, लेकिन और दिनों की तरह जब यथासमय उसकी बुलाहट न हुई तो खुद किताबों का थैला लिये धीरे-धीरे भीतर आई। देखा, पोस्टमास्टर अपनी खटिया पर लेटे हुए हैं। यह सोचकर कि वे आराम कर रहे हैं, वह चुपचाप फिर बाहर जाने लगी। तभी अचानक सुनाई पड़ा 'रतन !' झपटकर लौटकर भीतर जाकर उसने कहा, "भैयाजी, सो रहे थे ?"

पोस्टमास्टर ने कातर स्वर में कहा, "तबीयत ठीक नहीं मालूम होती। जरा मेरे माथे पर हाथ रखकर तो देख !"

घोर वर्षा के समय प्रवास में इस तरह बिल्कुल अकेले रहने पर रोग से पीड़ित शरीर को कुछ सेवा पाने की इच्छा होती है। तप्त ललाट पर शंख की चूड़ियां पहने कोमल हाथ याद आने लगते हैं। ऐसे कठिन प्रवास में रोग की पीड़ा में यह सोचने की इच्छा होती है कि पास ही स्नेहमयी नारी के रूप में माता और दीदी बैठी हैं और प्रवासी के मन की यह अभिलाषा व्यर्थ नहीं गई। बालिका रतन बालिका न रही। उसने फौरन माता का पद ग्रहण कर लिया। वह जाकर वैद्य को बुला लाई, यथासमय गोली खिलाई, सारी रात सिरहाने बैठी रही, अपने हाथों पथ्य तैयार किया और सैकड़ों बार पूछती रही, "भैयाजी कुछ आराम है क्या ?"

बहुत दिनों बाद पोस्टमास्टर जब रोग-शय्या छोड़कर उठे तो उनका शरीर दुर्बल हो गया था। उन्होंने मन में तय किया, अब और नहीं। जैसे भी हो, अब यहां से बदली करानी चाहिए। अपनी अस्वस्थता का उल्लेख करते हुए उन्होंने उसी समय अधिकारियों के पास बदली के लिए कलकत्ता दरख्वास्त भेज दी।

रोगी की सेवा से छुट्टी पाकर रतन ने दरवाजे के बाहर फिर अपने स्थान पर अधिकार जमा लिया। लेकिन अब पहले की तरह उसकी बुलाहट नहीं होती थी। वह बीच-बीच में झांककर देखती-पोस्टमास्टर बड़े ही अनमने भाव से या तो कुर्सी पर बैठे रहते या खाट पर लेटे रहते।

जिस समय इधर रतन बुलाहट की प्रतीक्षा में रहती, वे अधीर होकर अपनी दरख्वास्त के उत्तर की प्रतीक्षा करते रहते। दरवाजे

के बाहर बैठी रतन ने हजारों बार अपना पुराना पाठ दुहराया। बाद में यदि किसी दिन सहसा उसकी बुलाहट हुई तो उस दिन कहीं उसका संयुक्त अक्षरों का ज्ञान गड़बड़ न हो जाय इसकी उसे आशंका थी। आखिर लगभग एक सप्ताह के बाद एक दिन शाम को उस की पुकार हुई। कांपते हृदय से उसने भीतर प्रवेश किया और पूछा, "भैयाजी, मुझे बुलाया था ?"

पोस्टमास्टर ने कहा, "रतन, मैं कल ही चला जाऊंगा।"

रतन, "कहां चले जाओगे भैयाजी!"

पोस्टमास्टर, "घर जाऊंगा।"

रतन, "फिर कब लौटोगे ?"

पोस्टमास्टर, "अब नहीं लौटूंगा।"

रतन ने और कोई बात नहीं पूछी। पोस्टमास्टर ने स्वयं ही उसे बताया कि उन्होंने बदली के लिए दरख्वास्त दी थी, पर दरख्वास्त नामंजूर हो गई इसलिए वे इस्तीफा देकर घर चले जा रहे हैं। बहुत देर तक दोनों में से किसी ने और कोई बात नहीं की। दीया टिमटिमाता रहा और घर के जीर्ण छप्पर को भेदकर वर्षा का पानी मिट्टी के सकोरे में टप-टप करता टपकता रहा।

बड़ी देर के बाद इतने धीरे उठकर रसोईघर में रोटियां बनाने चली गई। पर आज और दिनों की तरह उसके हाथ जल्दी-जल्दी नहीं चल रहे थे। शायद उसके मन में रह-रहकर तरह-तरह की आशंकाएं उठ रही थीं। जब पोस्टमास्टर भोजन कर चुके तब उसने पूछा, "भैयाजी, मुझे अपने घर ले चलोगे?"

पोस्टमास्टर ने हंसकर कहा, “वाह, यह कैसे हो सकता है!” किन कारणों से यह बात सम्भव न थी, बालिका को यह समझाना उन्होंने आवश्यक नहीं समझा।

रातभर जागते और स्वप्न देखते हुए बालिका के कानों में पोस्टमास्टर के हँसी-मिश्रित स्वर गूंजते रहे, ‘वाह, यह कैसे हो सकता है।’

सवेरे उठकर पोस्टमास्टर ने देखा कि उनके नहाने के लिए पानी पहले से ही रख दिया गया है। कलकत्ता की अपनी आदत के अनुसार वे ताजे पानी से ही स्नान करते थे। न जाने क्यों बालिका यह नहीं पूछ सकी थी कि वे सवेरे किस समय यात्रा करेंगे। बाद में कहीं तड़के ही जरूरत न पड़ जाय, यह सोचकर रतन उतनी रात में ही नदी से उनके नहाने के लिए पानी भरकर ले आई थी। स्नान समाप्त होते ही रतन की पुकार हुई। रतन ने चुपचाप भीतर प्रवेश किया और आदेश की प्रतीक्षा में मौन भाव से एक बार अपने मालिक की ओर देखा।

मालिक ने कहा, “रतन, मेरी जगह जो सज्जन आयेंगे मैं उन्हें कह जाऊँगा। वे मेरी ही तरह तेरी देख-भाल करेंगे। मेरे जाने से तुझे कोई चिंता करने की जरूरत नहीं है।” इसमें कोई सन्देह नहीं कि ये बातें अत्यन्त स्नेहपूर्ण और दयार्द्र हृदय से निकली थीं, किन्तु नारी के हृदय को कौन समझ सकता है ! रतन इसके पहले बहुत बार अपने मालिक के हाथों अपना तिरस्कार चुपचाप सहन कर चुकी थी, लेकिन इस कोमल बात को वह सहन न कर पाई। उसका हृदय एकाएक उमड़ आया और उसने रोते-रोते कहा,

"नहीं, नहीं। तुम्हें किसी से कुछ कहने की जरूरत नहीं है, मैं रहना नहीं चाहती।"

पोस्टमास्टर ने रतन का ऐसा व्यवहार पहले कभी नहीं देखा था, इसलिए वे अवाक् रह गए। नया पोस्टमास्टर आया। उसको सारा चार्ज सौंप देने के बाद पुराने पोस्टमास्टर चलने को तैयार हुए। चलते-चलते रतन को बुलाकर बोले, "रतन, तुझे मैं कभी कुछ न दे सका, आज जाते समय कुछ दिए जा रहा हूँ, इससे कुछ दिन तेरा काम चल जायेगा।"

तनख्वाह में जो रुपये मिले थे उनमें से राह-खर्च के लिए कुछ बचा लेने के बाद उन्होंने बाकी रुपये जेब से निकाले। यह देखकर रतन धूल में लोटकर उनके पैरों से लिपटकर बोली, "भैयाजी, मैं तुम्हारे पैरों पड़ती हूँ, मेरे लिए किसी को कोई चिन्ता करने की जरूरत नहीं।" और यह कहते-कहते वह तुरन्त वहां से भाग गई।

भूतपूर्व पोस्टमास्टर दीर्घ निःश्वास लेकर हाथ में कारपेट का बैग लटकाए, कन्धे पर छाता रखे, कुली के सिर पर नीली-सफेद धारियों से चित्रित टीन की पेटी रखवाकर धीरे-धीरे नाव की ओर चल दिए।

जब वे नौका पर सवार हो गए और नाव चल पड़ी, वर्षा से उमड़ी नदी धरती की छलछलाती अश्रु-धारा के समान चारों ओर छलछल करने लगी, तब वे अपने हृदय में एक तीव्र व्यथा अनुभव करने लगे। एक साधारण ग्रामीण बालिका के करुण मुख का चित्र मानो विश्व-व्यापी बृहत् अव्यक्त मर्म-व्यथा प्रकट करने लग गया।

एक बार बड़े जोर से उनकी इच्छा हुई कि लौट जायें और जगत् की गोद से वंचित उस अनाथिनी को साथ ले आयें। लेकिन तब तक पाल में हवा भर गई थी, वर्षा का प्रवाह और भी तेज हो गया था। गांव को पार कर चुकने के बाद नदी-किनारे का श्मशान दिखाई दे रहा था और नदी की धारा के साथ बढ़ते हुए पथिक के उदास हृदय में यह सत्य उदित हो रहा था, "जीवन में न जाने कितना वियोग है, कितना मरण है, लौटने का क्या लाभ! संसार में कौन किसका है!'

लेकिन रतन के हृदय में किसी भी सत्य का उदय नहीं हुआ। वह उस पोस्टऑफिस के चारों ओर चुपचाप आंसू बहाती चक्कर काटती रही। शायद उसके मन में हल्की-सी आशा जीवित थी कि हो सकता है, भैयाजी, लौट आयें। आशा के इसी बन्धन से बंधी वह किसी भी तरह दूर नहीं जा पा रही थी।

हाय रे बुद्धिहीन मानव-हृदय! तेरी भ्रान्ति किसी भी तरह नहीं मिटती। युक्ति शास्त्र का तर्क बड़ी देर बाद मस्तिष्क में प्रवेश करता है। प्रबल से प्रबल प्रमाण पर भी अविश्वास करके मिथ्या आशा को अपनी दोनों बांहों से जकड़कर तू भरसक छाती से चिपकाए रहता है। अन्त में एक दिन सारी नाड़ियां काटकर, हृदय का सारा रक्त चूसकर वह निकल भागती है। तब होश आते ही मन किसी दूसरी भ्रान्ति के जाल में बंध जाने के लिए व्याकुल हो उठता है।

एक मुसलमानी की कहानी

उन दिनों अराजकता के दूतों ने देश के शासन को काँटों से भर दिया था। अप्रत्याशित अत्याचारों से दिन-रात काँप रहे थे। दुःस्वप्नों के जाल ने जीवन के समस्त कार्यकलाप को जकड़ रखा था। गृहस्थ लोग सिर्फ देवताओं के मुँह की तरफ ताकते रहते थे। मनुष्य का मन दुष्टों के डर से काँपता रहता था। मनुष्य हो या देवता, किसी पर भी विश्वास करना कठिन था, केवल आँसुओं की दुहाई देते रहते थे। अच्छे काम और बुरे काम के परिणाम में अन्तर की सीमारेखा बहुत दुर्बल हो गई थी। चलते-चलते आदमी ठोकर खाकर बुरी स्थिति में पड़ जाता था।

ऐसे में घर में सुन्दर कन्या का आना भाग्यविधाता के अभिशाप के समान था। उसके आने से परिवार के सभी लोग यही कहते थे, 'मुँहजली टले तो जान बचे।' तीन महल के ताल्लुकेदार वंशीवदन के घर ऐसी ही एक परेशानी आ गई।

कमला सुन्दर थी। माँ-बाप मर गए थे उन्हीं के साथ वह भी मर जाती तो बाकी परिवार निश्चिन्त हो जाता। पर वैसा नहीं हुआ। तब से उसके चाचा वंशी बड़े स्नेह और सावधानी से उसे पाल रहे थे।

किन्तु उसकी चाची प्रायः पड़ोसिनों से कहती रहती थी, 'देखो तो, माँ-बाप हमारा सर्वनाश करने के लिए उसे हमारे सिर पर छोड़ गए। कब क्या हो, कहा नहीं जा सकता। मेरा बाल-बच्चों वाला घर है, उन सबके बीच यह लड़की जैसे सर्वनाश की मशाल जलाए बैठी है। चारों तरफ से दुष्ट लोगों की नजर उस पर रहती है। मुझे तो इस डर से नींद भी नहीं आती, कि किसी दिन इसी की वजह से हम डूबेंगे।'

पर किसी तरह दिन बीत रहे थे। फिर विवाह के लिए एक रिश्ता आया। उसके चाचा कहते थे, 'मैं ऐसे घर का लड़का ढूँढ़ रहा हूँ जो लड़की की रक्षा कर सके। 'यह लड़का मोचाखाली के सेठ परमानन्द का मँझला लड़का था। बहुत-से रुपयों का मालिक था, पर यह तय था कि पिता के मरते ही रुपयों का निशान भी नहीं बचने वाला था। लड़का बेहद शौकीन था- बाज उड़ाना, जुआ खेलना, बुलबुल लड़ाना वगैरह में छाती ठोककर पैसे लुटाता था। उसे अपने धन का बड़ा गर्व था। उसके पास पैसा था भी बहुत। उसने मोटे-मोटे भोजपुरी पहलवान रखे हुए थे। सब प्रसिद्ध लठैत थे। वह सब जगह यह कहता हुआ घूमता था कि "पूरे इलाके में कौन माई का लाल है जो मेरे शरीर को हाथ भी लगा सके।" वह लड़कियों का बहुत शौकीन था। उसकी पत्नी थी, पर अब एक नई कच्ची उम्र की लड़की की खोज में था। उसके कानों में कमला के सौन्दर्य की बात पड़ी। उसका वंश बहुत धनवान ही नहीं, शक्तिशाली भी था। उसने प्रण किया कि इस लड़की को अपने घर ले जाएगा।

कमला ने रोकर कहा, 'चाचाजी, मुझे कहाँ डुबो रहे हो?'

वे बोले, "माँ, तुम तो जानती हो कि अगर मुझमें तुम्हारी रक्षा करने की सामर्थ्य होती तो सदा छाती से लगाकर रखता।"

शादी के वक्त लड़का छाती फुलाकर आया। बाजे-गाजों का अन्त नहीं था। चाचा ने हाथ जोड़कर कहा, "दामाद जी, समय बहुत ख़राब चल रहा है, इतनी धूमधाम करनी ठीक नहीं है।"

सुनते ही उसने फिर चुनौती के स्वर में कहा, 'देखते हैं कौन पास आने का साहस करेगा।'

चाचा बोले, "शादी पूरी होने तक लड़की का दायित्व हमारा है, उसके बाद वह तुम्हारी हो जाएगी-उसे सुरक्षित घर ले जाने का जिम्मा तुम्हारा है। हम वह दायित्व नहीं ले सकते, हम कमजोर हैं।"

उसने छाती चौड़ी कर कहा, "डरने की कोई बात नहीं है।" भोजपुरी पहलवान भी मूँछों पर ताव देते हुए लाठियाँ लिये खड़े रहे।

शादी के बाद वर कन्या को लेकर प्रसिद्ध तालतड़ी के मैदान से निकल रहा था। रात के दूसरे पहर में मधुमल्हार नामक डाकुओं का सरदार मशालें लिये दल-बल के साथ ललकारता हुआ आ गया। भोजपुरी लठैतों में से एक नहीं रुका, क्योंकि वे जानते थे कि मधुमल्हार जैसे विख्यात डाकू के हाथों में पड़ने पर कोई नहीं बच सकता था।

कमला पालकी से उतरकर झाड़ियों में छिपने जा रही थी, तभी बूढ़ा हबीब खाँ पीछे आकर खड़ा हो गया। लोग उसकी पैगम्बर की तरह पूजा करते थे। उसने सीधे खड़े होकर कहा, "मैं हबीब खाँ हूँ, तुम सब यहाँ से जाओ।"

डकैत बोले, "खाँ साहिब, आपके सामने तो कुछ कह नहीं सकते, पर हमारा काम आपने मिट्टी में क्यों मिला दिया ?"

पर जो भी हो, उन्हें जाना ही पड़ा।

हबीब ने आकर कमला से कहा, "तुम मेरी बेटी हो। तुम डरो नहीं, अब इस आपद की जगह से घर चलो।"

कमला बहुत संकुचित हो उठी। हबीब ने कहा, "समझ गया, तुम हिन्दू ब्राह्मण की लड़को हो, मुसलमान के घर जाने में झिझक रही हो। पर एक बात याद रखना, सच्चा मुसलमान धर्मनिष्ठ हिन्दू ब्राह्मण का भी सम्मान करता है। मेरे घर में तुम हिन्दू घर की लड़की की तरह ही रहोगी। मेरा नाम हबीब खाँ है। मेरा घर पास ही है, तुम चलो, मैं तुम्हें ठीक से रखूँगा।"

पर कमला संकोच के कारण किसी तरह जाना नहीं चाहती थी। यह देखकर हवीब ने कहा, "देखो, मेरे जीते जी इस गाँव में, कोई तुम्हारा धर्मभ्रष्ट नहीं कर सकता। तुम मेरे साथ चलो, डरो नहीं।"

हबीब खाँ कमला को अपने घर ले गया। आश्चर्य की बात यह थी, उस आठ मंजिले मुसलमान के घर की एक मंजिल पर शिवमन्दिर था और हिन्दू स्त्री के रहने की पूरी व्यवस्था थी।

एक वृद्ध ब्राह्मण आया और बोला, "माँ, यह घर हिन्दू घर जैसा ही समझो। यहाँ तुम्हारी जाति सुरक्षित रहेगी।"

कमला रोकर कहने लगी, "कृपा करके चाचाजी को ख़बर भिजवा दें, वे आकर ले जाएँगे।"

हबीब बोला, "माँ, गलती कर रही हो। तुम्हारे घर से कोई तुम्हें वापिस नहीं ले जाएगा, वे तुम्हें बीच सड़क पर छोड़ देंगे। चाहो तो एक बार परीक्षा ले सकती हो।"

हबीब खाँ कमला को उसके चाचा के घर के दरवाजे तक ले जाकर बोला, "मैं बाहर तुम्हारी प्रतीक्षा करूँगा।"

घर में अन्दर जाकर कमला चाचा से लिपट गई और बोली, "चाचाजी, मुझे कभी मत छोड़ना।"

चाचा की दोनों आँखों से आँसू बहने लगे।

तभी चाची ने आकर देखा और बोलने लगी, "दूर कर दो, इस कुलच्छनी को दूर कर दो। सर्वनाशिनी, दूसरी जाति के घर में रहकर लौटने में शरम नहीं आई!"

चाचा बोले, "बेटी, कोई उपाय नहीं है। समाज में कोई तुम्हें लौटने नहीं देगा, बल्कि हमारी भी जाति जाएगी।"

कुछ देर कमला सिर झुकाए खड़ी रही, फिर धीमे कदमों से दरवाजे से निकलकर हबीब के साथ लौट गई। उसके चाचा के घर के द्वार उसके लिए सदा को बन्द हो गए थे।

हबीब खाँ के घर पर उसके लिए धर्मपालन की सुविधा व्यवस्थित की गई। हबीब खाँ ने कहा, "तुम्हारे घर मेरे घर से कोई नहीं आएगा। इस बूढ़े ब्राह्मण के साथ तुम अपनी पूजा-सेवा, आचार-विचार का पालन कर सकोगी।"

इस घर का एक पुराना इतिहास था। इसे लोग राजपूतनी का महल कहते थे। बहुत पहले एक नवाब राजपूत कन्या को उठा लाए थे, पर उसकी जाति बचाने के लिए उसे अलग रखा था। वह शिवपूजा करती थी, बीच-बीच में तीर्थयात्रा के लिए भी जाती थी। उन दिनों उच्च वंश के मुसलमान धर्मनिष्ठ हिन्दुओं की बहुत इज्जत करते थे। वह राजपूतनी इस महल की दूसरी हिन्दू बेगमों को आश्रय देती थी, उनका धर्म भी सुरक्षित रखती थी। सुना जाता है कि यह हबीब खाँ उसी राजपूतनी का बेटा है। उसने माँ का धर्म तो ग्रहण नहीं किया था, पर मन में माँ की पूजा करता था। वह माँ तो अब नहीं रहीं, किन्तु उनकी स्मृति की रक्षा के लिए उसने समाज से ठुकराई गई पीड़ित हिन्दू लड़कियों को विशेष रूप से आश्रय देने का प्रण उठाया हुआ है।

कमला को उससे वह मिला जो अपने घर में भी नहीं मिला था। वहाँ चाची हर समय उसे कुलक्षणी, सर्वनाशी, अभागी आदि कहती थी। वह कहती थी कि उसके मरने पर ही वंश का उद्धार होगा। कभी-कभी उसके चाचा उसे छिपा-चुराकर कुछ कपड़े वगैरह देते भी थे तो वह उन्हें चाची के डर से छिपाती रहती थी। राजपूतनी के महल में आकर उसे रानी का पद मिला। यहाँ उसकी इज्जत का कोई अन्त नहीं था। उसके चारों तरफ हिन्दू दास-दासी मौजूद रहते थे।

धीरे-धीरे वह बालिका से युवती हुई। घर के एक लड़के ने छिपकर उसके यहाँ आना शुरू कर दिया। मन-ही-मन वह उससे बंध गई। तब उसने हबीब खाँ से कहा, "बाबा, मेरा कोई धर्म नहीं है, मेरा प्रेम ही मेरा धर्म है। जिस धर्म ने सदा मुझे जीवन के प्रेम से वंचित रखा, मुझे अवज्ञा से फेंक दिया, उस धर्म में मुझे कभी भगवान को खुशी नहीं दिखी। वहाँ के देवताओं ने मुझे रोज अपमानित किया, मैं आज भी यह भूल नहीं पाती हूँ। बाबा, मुझे तुम्हारे घर पहले-पहल प्यार मिला। मैंने जाना कि मुझ हतभागिनी लड़की के जीवन का भी कोई मूल्य है। जिस देवता ने मुझे आश्रय दिया, मैं प्रेम के पूरे सम्मान के साथ उन्हीं की पूजा करती हूँ वही मेरे देवता हैं, वे न हिन्दू हैं ना मुसलमान। मैंने तुम्हारे मँझले बेटे को मन-ही-मन ग्रहण किया है। मेरा धर्म-कर्म उसी के साथ बँध गया है। तुम मुझे मुसलमान बना लो, मुझे इसमें कोई आपत्ति नहीं है- मेरे दो धर्म हो जाएँगे।"

उनकी जीवन-यात्रा बढ़ती गई। अपने पहले परिवार वालों से उसके मिलने-जुलने की कोई सम्भावना नहीं थी। इधर हबीब खाँ ने यह भुलाने की चेष्टा की कि कमला उनके परिवार की कोई नहीं है-और उसका नाम "मेहरजान" रखा।

इधर उसके चाचा की दूसरी बेटी के विवाह का समय आया। सारे प्रबन्ध पहले की तरह ही हुए, पर फिर वही परेशानी सामने आई। डकैतों ने पहले की तरह बारात पर हमला बोला। एक बार उनका शिकार छिन चुका था, उन्हें उसका दुःख था, वह इस बार बदला भी लेना चाहते थे।

किन्तु फिर एक बार पीछे से हुंकार आई, "खबरदार!"

"लो, हबीब खाँ के चेलों ने आकर फिर सब गड़बड़ कर दिया।"

कन्यापक्ष के लोग कन्या को पालकी में ही छोड़कर जिसे जिधर जगह दिखी उधर भागना चाहते थे, पर तभी उनके बीच में हबीब खाँ की अर्द्धचन्द्राकार पताका लगा बरछा लिये एक निर्भीक युवती आकर खड़ी हो गई।

वह सरला से बोली, "बहन, डरो नहीं। मैं तेरे लिए उनका सहारा लेकर आई हूँ जो सबको आश्रय देते हैं, जो किसी की जाति के बारे में नहीं सोचते। चाचाजी, आपको मेरा प्रणाम, डरना नहीं, मैं आपके पैरों का स्पर्श नहीं करूँगी। अब इसे अपने घर ले जाओ, इसे किसी ने भ्रष्ट नहीं किया है। चाची से कहना, बहुत दिन तक उनकी अनिच्छा के बावजूद उनका अन्न-वस्त्र लेकर बड़ी हुई हूँ। मैंने कभी सोचा भी नहीं था कि वह ऋण आज इस तरह उतारूँगी। उनके लिए एक रंगीन चादर और यह कमखाब का आसन लाई हूँ। उन्हे दे दीजिएगा। मेरी बहन, अगर कभी दुःख आए तो याद रखना तेरी रक्षा के लिए तेरी एक मुसलमान दीदी है।

अन्तिम प्यार

आर्ट स्कूल के प्रोफेसर मनमोहन बाबू घर पर बैठे मित्रों के साथ मनोरंजन कर रहे थे, ठीक उसी समय योगेश बाबू ने कमरे में प्रवेश किया।

योगेश बाबू अच्छे चित्रकार थे, उन्होंने अभी थोड़े समय पूर्व ही स्कूल छोड़ा था। उन्हें देखकर एक व्यक्ति ने कहा-योगेश बाबू! नरेन्द्र क्या कहता है, आपने सुना कुछ?

योगेश बाबू ने आराम-कुर्सी पर बैठकर पहले तो एक लम्बी सांस ली, पश्चात् बोले-क्या कहता है?

नरेन्द्र कहता है-बंग-प्रान्त में उसकी कोटि का कोई भी चित्रकार इस समय नहीं है।

ठीक है, अभी कल का छोकरा है न। हम लोग तो जैसे आज तक घास छीलते रहे हैं। झुंझलाकर योगेश बाबू ने कहा।

जो लड़का बातें कर रहा था, उसने कहा-केवल यही नहीं, नरेन्द्र आपको भी सम्मान की दृष्टि से नहीं देखता।

योगेश बाबू ने उपेक्षित भाव से कहा-क्यों, कोई अपराध!

वह कहता है आप आदर्श का ध्यान रखकर चित्र नहीं बनाते।

तो किस दृष्टिकोण से बनाता हूँ?

दृष्टिकोण...?

रुपये के लिए।

योगेश ने एक आँख बन्द करके कहा-व्यर्थ! फिर आवेश में कान के पास से अपने अस्त-व्यस्त बालों की ठीक कर बहुत देर तक मौन बैठा रहा। चीन का जो सबसे बड़ा चित्रकार हुआ है उसके बाल भी बहुत बड़े थे। यही कारण था कि योगेश ने भी स्वभाव-विरुद्ध सिर पर लम्बे-लम्बे बाल रखे हुए थे। ये बाल उसके मुख पर बिल्कुल नहीं भाते थे। क्योंकि बचपन में एक बार चेचक के आक्रमण से उनके प्राण तो बच गये थे। किन्तु मुख बहुत कुरूप हो गया था। एक तो स्याम-वर्ण, दूसरे चेचक के दाग। चेहरा देखकर सहसा यही जान पड़ता था, मानो किसी ने बन्दूक में छर्रे भरकर लिबलिबी दाब दी हो।

कमरे में जो लड़के बैठे थे, योगेश बाबू को क्रोधित देखकर उसके सामने ही मुँह बन्द करके हँस रहे थे।

सहसा वह हँसी योगेश बाबू ने भी देख ली, क्रोधित स्वर में बोले-तुम लोग हँस रहे हो, क्यों?

एक लड़के ने चाटुकारिता से जल्दी-जल्दी कहा-नहीं महाशय! आपको क्रोध आये और हम लोग हँसे, यह भला कभी सम्भव हो सकता है?

ऊँह! मैं समझ गया, अब अधिक चातुर्य की आवश्यकता नहीं। क्या तुम लोग यह कहना चाहते हो कि अब तक तुम सब दाँत निकालकर रो रहे थे, मैं ऐसा मूर्ख नहीं हूँ? यह कहकर उन्होंने आंखें बन्द कर ली।

लड़कों ने किसी प्रकार हँसी रोककर कहा- चलिए यों ही सही, हम हँसते ही थे और रोते भी क्यों? पर हम नरेन्द्र के पागलपन को सोचकर हँसते थे। वह देखो मास्टर साहब के साथ नरेन्द्र भी आ रहा है।

मास्टर साहब के साथ-साथ नरेन्द्र भी कमरे में आ गया।

योगेश ने एक बार नरेन्द्र की ओर वक्र दृष्टि से देखकर मनमोहन बाबू से कहा-महाशय! नरेन्द्र मेरे विषय में क्या कहता है?

मनमोहन बाबू जानते थे कि उन दोनों की लगती है। दो पाषाण जब परस्पर टकराते हैं तो अग्नि उत्पन्न हो ही जाती है। अतएव वह बात को संभालते, मुस्कराते-से बोले-योगेश बाबू, नरेन्द्र क्या कहता है?

नरेन्द्र कहता है कि मैं रुपये के दृष्टिकोण से चित्र बनाता हूँ। मेरा कोई आदर्श नहीं है?

मनमोहन बाबू ने पूछा- क्यों नरेन्द्र?

नरेन्द्र अब तक मौन खड़ा था, अब किसी प्रकार आगे आकर बोला-हाँ कहता हूँ, मेरी यही सम्मति है।

योगेश बाबू ने मुँह बनाकर कहा- बड़े सम्मति देने वाले आये। छोटे मुँह बड़ी बात। अभी कल का छोकरा और इतनी बड़ी-बड़ी बातें।

मनमोहन बाबू ने कहा-योगेश बाबू जाने दीजिए, नरेन्द्र अभी बच्चा है, और बात भी साधारण है। इस पर वाद-विवाद की क्या आवश्यकता है?

योगेश बाबू उसी तरह आवेश में बोले-बच्चा है। नरेन्द्र बच्चा है। जिसके मुँह पर इतनी बड़ी-बड़ी मूँछें हों, वह यदि बच्चा है तो बूढ़ा क्या होगा? मनमोहन बाबू! आप क्या कहते हैं?

एक विद्यार्थी ने कहा-महाशय, अभी जरा देर पहले तो आपने उसे कल का छोकरा बताया था।

योगेश बाबू का मुख क्रोध से लाल हो गया, बोले-कब कहा था?

'अभी इससे जरा देर पहले।'

झूठ! बिल्कुल झूठ!! जिसकी इतनी बड़ी-बड़ी मूँछें हैं उसे छोकरा कहूँ, असम्भव है। क्या तुम लोग यह कहना चाहते हो कि मैं बिल्कुल मूर्ख हूँ।

सब लड़के एक स्वर से बोले- नहीं, महाशय! ऐसी बात हम भूलकर भी जिह्वा पर नहीं ला सकते।

मनमोहन बाबू किसी प्रकार हँसी को रोककर बोले- चुप-चुप! गोलमाल न करो।

योगेश बाबू ने कहा- हाँ नरेन्द्र! तुम यह कहते हो कि बंग-प्रान्त में तुम्हारी टक्कर का कोई चित्रकार नहीं है।

नरेन्द्र ने कहा-आपने कैसे जाना?

तुम्हारे मित्रों ने कहा।

मैं यह नहीं कहता। तब भी इतना अवश्य कहूँगा कि मेरी तरह हृदय-रक्त पीकर बंगाल में कोई चित्र नहीं बनाता।

इसका प्रमाण?

नरेन्द्र ने आवेशमय स्वर में कहा- प्रमाण की क्या आवश्यकता है? मेरा अपना यही विचार है।

तुम्हारा विचार असत्य है।

नरेन्द्र बहुत कम बोलने वाला व्यक्ति था। उसने कोई उत्तर नहीं दिया।

मनमोहन बाबू ने इस अप्रिय वार्तालाप को बन्द करने के लिए कहा- नरेन्द्र इस बार प्रदर्शनी के लिए तुम चित्र बनाओगे न?

नरेन्द्र ने कहा- विचार तो है।

देखूँगा तुम्हारा चित्र कैसा रहता है?

नरेन्द्र ने श्रद्धा-भाव से उनकी पग-धूलि लेकर कहा- जिसके गुरु आप हैं उसे क्या चिन्ता? देखना सर्वोत्तम रहेगा।

योगेश बाबू ने कहा- राम से पहले रामायण! पहले चित्र बनाओ फिर कहना।

नरेन्द्र ने मुँह फेरकर योगेश बाबू की ओर देखा, कहा कुछ भी नहीं, किन्तु मौन भाव और उपेक्षा ने बातों से कहीं अधिक योगेश के हृदय को ठेस पहुँचाई।

मनमोहन बाबू ने कहा- योगेश बाबू, चाहे आप कुछ भी कहें मगर नरेन्द्र को अपनी आत्मिक शक्ति पर बहुत बड़ा विश्वास है। मैं दृढ़ निश्चय से कह सकता हूँ कि यह भविष्य में एक बड़ा चित्रकार होगा।

नरेन्द्र धीरे-धीरे कमरे से बाहर चला गया।

एक विद्यार्थी ने कहा- प्रोफेसर साहब, नरेन्द्र में किसी सीमा तक विक्षिप्तता की झलक दिखाई देती है।

मनमोहन बाबू ने कहा- हाँ, मैं भी मानता हूँ। जो व्यक्ति अपने घाव अच्छी तरह प्रकट करने में सफल हो जाता है, उसे सर्व-साधारण किसी सीमा तक विक्षिप्त समझते हैं। चित्र में एक विशेष प्रकार का आकर्षण तथा मोहकता उत्पन्न करने की उसमें असाधारण योग्यता है। तुम्हें मालूम है, नरेन्द्र ने एक बार क्या किया था? मैंने देखा कि नरेन्द्र के बायें हाथ की उंगली से खून का

फव्वारा छूट रहा है और वह बिना किसी कष्ट के बैठा चित्र बना रहा है। मैं तो देखकर चकित रह गया। मेरे मालूम करने पर उसने उत्तर दिया कि उंगली काटकर देख रहा था कि खून का वास्तविक रंग क्या है? अजीब व्यक्ति है। तुम लोग इसे विक्षिप्तता कह सकते हो, किन्तु इसी विक्षिप्तता के ही कारण तो वह एक दिन अमर कलाकार कहलायेगा।

योगेश बाबू आंख बन्द करके सोचने लगे। जैसे गुरु वैसे चेले दोनों के दोनों पागल हैं।

2

नरेन्द्र सोचते-सोचते मकान की ओर चला-मार्ग में भीड़-भाड़ थी। कितनी ही गाड़ियां चली जा रही थीं किन्तु इन बातों की ओर उसका ध्यान नहीं था। उसे क्या चिन्ता थी? सम्भवतः इसका भी उसे पता न था।

वह थोड़े समय के भीतर ही बहुत बड़ा चित्रकार हो गया, इस थोड़े-से समय में वह इतना सुप्रसिद्ध और सर्व-प्रिय हो गया था कि उसके ईष्यालु मित्रों को अच्छा न लगा। इन्हीं ईष्यालु मित्रों में योगेश बाबू भी थे। नरेन्द्र में एक विशेष योग्यता और उसकी तूलिका में एक असाधारण शक्ति है। योगेश बाबू इसे दिल-ही-दिल में खूब समझते थे, परन्तु ऊपर से उसे मानने के लिए तैयार न थे।

इस थोड़े समय में ही उसका इतनी प्रसिद्धि प्राप्त करने का एक विशेष कारण भी था। वह यह कि नरेन्द्र जिस चित्र को भी बनाता था अपनी सारी योग्यता उसमें लगा देता था उसकी दृष्टि केवल चित्र पर रहती थी, पैसे की ओर भूलकर भी उसका ध्यान नहीं जाता था। उसके हृदय की महत्वाकांक्षा थी कि चित्र बहुत ही

सुन्दर हो। उसमें अपने ढँग की विशेष विलक्षणता हो। मूल्य चाहे कम मिले या अधिक। वह अपने विचार और भावनाओं की मधुर रूप-रेखायें अपने चित्र में देखता था। जिस समय चित्र चित्रित करने बैठता तो चारों ओर फैली हुई असीम प्रकृति और उसकी सारी रूप-रेखायें हृदय-पट से गुम्फित कर देता। इतना ही नहीं वह अपने अस्तित्व से भी विस्मृत हो जाता। वह उस समय पागलों की भांति दिखाई पड़ता और अपने प्राण तक उत्सर्ग कर देने से भी उस समय सम्भवतः उसको संकोच न होता। यह दशा उस समय की एकाग्रता की होती। वास्तव में इसी कारण से उसे यह सम्मान प्राप्त हुआ। उसके स्वभाव में सादगी थी, वह जो बात सादगी से कहता, लोग उसे अभिमान और प्रदर्शनी से लदी हुई समझते। उसके सामने कोई कुछ न कहता परन्तु पीछे-पीछे लोग उसकी बुराई करने से न चूकते, सब-के-सब नरेन्द्र को संज्ञाहीन-सा पाते, वह किसी बात को कान लगाकर न सुनता, कोई पूछता कुछ और वह उत्तर देता कुछ और ही। वह सर्वदा ऐसा प्रतीत होता जैसे अभी-अभी स्वप्न देख रहा था और किसी ने सहसा उसे जगा दिया हो, उसने विवाह किया और एक लड़का भी उत्पन्न हुआ, पत्नी बहुत सुन्दर थी, परन्तु नरेन्द्र को गार्हस्थिक जीवन में किसी प्रकार का आकर्षण न था, तब भी उसका हृदय प्रेम का अथाह सागर था, वह हर समय इसी धुन में रहता था कि चित्रकला में प्रसिद्धि प्राप्त करे। यही कारण था कि लोग उसे पागल समझते थे। किसी हल्की वस्तु को यदि पानी में जबर्दस्ती डुबो दो तो वह किसी प्रकार भी न डूबेगी, वरन ऊपर तैरती रहेगी। ठीक यही दशा उन लोगों की होती है जो अपनी धुन के पक्के होते हैं। वे सांसारिक दुःख-सुख में किसी प्रकार डूबना नहीं जानते। उनका हृदय हर समय कार्य की पूर्ति में संलग्न रहता है।

नरेन्द्र सोचते-सोचते अपने मकान के सामने आ खड़ा हुआ। उसने देखा कि द्वार के समीप उसका चार साल का बच्चा मुंह में उंगली डाले किसी गहरी चिन्ता में खड़ा है। पिता को देखते ही बच्चा दौड़ता हुआ आया और दोनों हाथों से नरेन्द्र को पकड़कर बोला- बाबूजी!

क्यों बेटा?

बच्चे ने पिता का हाथ पकड़ लिया और खींचते हुए कहा- बाबूजी, देखो हमने एक मेंढक मारा है जो लंगड़ा हो गया है...

नरेन्द्र ने बच्चे को गोद में उठाकर कहा-तो मैं क्या करूँ? तू बड़ा पाजी है।

बच्चे ने कहा- वह घर नहीं जा सकता-लंगड़ा हो गया है, कैसे जाएगा? चलो उसे गोद में उठाकर घर पहुँचा दो।

नरेन्द्र ने बच्चे को गोद में उठा लिया और हँसते-हँसते घर में ले गया।

3

एक दिन नरेन्द्र को ध्यान आया कि इस बार की प्रदर्शनी में जैसे भी हो अपना एक चित्र भेजना चाहिए। कमरे की दीवार पर उसके हाथ के कितने ही चित्र लगे हुए थे। कहीं प्राकृतिक दृश्य, कहीं मनुष्य के शरीर की रूप-रेखा, कहीं स्वर्ण की भाँति सरसों के खेत की हरियाली, जंगली मनमोहक दृश्यावली और कहीं वे रास्ते जो छाया वाले वृक्षों के नीचे से टेढ़े-तिरछे होकर नदी के पास जा मिलते थे। धुएँ की भाँति गगनचुम्बी पहाड़ों की पंक्ति, जो तेज धूप में स्वयं झुलसी जा रही थीं और सैकड़ों पथिक धूप से व्याकुल होकर छायादार वृक्षों के समूह में शरणार्थी थे, ऐसे कितने ही दृश्य

थे। दूसरी ओर अनेकों पक्षियों के चित्र थे। उन सबके मनोभाव उनके मुखों से प्रकट हो रहे थे। कोई गुस्से में भरा हुआ, कोई चिन्ता की अवस्था में तो कोई प्रसन्न-मुख।

कमरे के उत्तरी भाग में खिड़की के समीप एक अपूर्ण चित्र लगा हुआ था उसमें ताड़ के वृक्षों के समूह के समीप सर्वदा मौन रहने वाली छाया के आश्रय में एक सुन्दर नवयुवती नदी के नील-वर्ण जल में अचल बिजली-सी मौन खड़ी थी। उसके होंठों और मुख की रेखाओं में चित्रकार ने हृदय की पीड़ा अंकित की थी। ऐसा प्रतीत होता था मानो चित्र बोलना चाहता है, किन्तु यौवन अभी उसके शरीर में पूरी तरह प्रस्फुटित नहीं हुआ है।

इन सब चित्रों में चित्रकार के इतने दिनों की आशा और निराशा मिश्रित थी, परन्तु आज उन चित्रों की रेखाओं और रंगों ने उसे अपनी ओर आकर्षित न किया। उसके हृदय में बार-बार यही विचार आने लगे कि इतने दिनों उसने केवल बच्चों का खेल किया है। केवल कागज के टुकड़ों पर रंग पोता है। इतने दिनों से उसने जो कुछ रेखाएं कागज पर खींची थीं, वे सब उसके हृदय को अपनी ओर आकर्षित न कर सकी, क्योंकि उसके विचार पहले की अपेक्षा बहुत उच्च थे। उच्च ही नहीं बल्कि बहुत उच्चतम होकर चील की भांति आकाश में मंडराना चाहते थे। यदि वर्षा ऋतु का सुहावना दिन हो तो क्या कोई शक्ति उसे रोक सकती थी? वह उस समय आवेश में आकर उड़ने की उत्सुकता में असीमित दिशाओं में उड़ जाता। एक बार भी फिरकर नहीं देखता। अपनी पहली अवस्था पर किसी प्रकार भी वह सन्तुष्ट नहीं था। नरेन्द्र के हृदय में रह-रहकर यही विचार आने लगा। भावना और लालसा की झड़ी-सी लग गई।

उसने निश्चय कर लिया कि इस बार ऐसा चित्र बनाएगा। जिससे उसका नाम अमर हो जाये। वह इस वास्तविकता को सबके दिलों में बिठा देना चाहता था कि उसकी अनुभूति बचपन की अनुभूति नहीं है।

मेज पर सिर रखकर नरेन्द्र विचारों का ताना-बाना बुनने लगा। वह क्या बनायेगा? किस विषय पर बनायेगा? हृदय पर आघात होने से साधारण प्रभाव पड़ता है। भावनाओं के कितने ही पूर्ण और अपूर्ण चित्र उसकी आंखों के सामने से सिनेमा-चित्र की भांति चले गये, परन्तु किसी ने भी दमभर के लिए उसके ध्यान को अपनी ओर आकर्षित न किया। सोचते-सोचते सन्ध्या के अंधियारे में शंख की मधुर ध्वनि ने उसको मस्त कर देने वाला गाना सुनाया। इस स्वर-लहरी से नरेन्द्र चौंककर उठ खड़ा हुआ। पश्चात् उसी अंधकार में वह चिन्तन-मुद्रा में कमरे के अन्दर पागलों की भांति टहलने लगा। सब व्यर्थ! महान प्रयत्न करने के पश्चात् भी कोई विचार न सूझा।

रात बहुत जा चुकी थी। अमावस्या की अंधेरी में आकाश परलोक की भांति धुंधला प्रतीत होता था। नरेन्द्र कुछ खोया-खोया-सा पागलों की भांति उसी ओर ताकता रहा।

बाहर से रसोइये ने द्वार खटखटाकर कहा- बाबूजी!

चौंककर नरेन्द्र ने पूछा- कौन है?

बाबूजी भोजन तैयार है, चलिये।

झुंझलाते हुए नरेन्द्र ने कटु स्वर में कहा- मुझे तंग न करो। जाओ मैं इस समय न खाऊंगा।

कुछ थोड़ा-सा।

मैं कहता हूँ बिल्कुल नहीं। और निराश-मन रसोइया भारी कदमों से वापस लौट गया और नरेन्द्र ने अपने को चिन्तन-सागर में डुबो दिया। दुनिया में जिसको ख्याति प्राप्त करने का व्यसन लग गया हो उसको चैन कहाँ?

4

एक सप्ताह बीत गया। इस सप्ताह में नरेन्द्र ने घर से बाहर कदम न निकाला। घर में बैठा सोचता रहता- किसी-न-किसी मन्त्र से तो साधना की देवी अपनी कला दिखाएगी ही।

इससे पूर्व किसी चित्र के लिए उसे विचार-प्राप्ति में देर न लगती थी, परन्तु इस बार किसी तरह भी उसे कोई बात न सूझी। ज्यों-ज्यों दिन व्यतीत होते जाते थे वह निराश होता जाता था? केवल यही क्यों? कई बार तो उसने झुंझलाकर सिर के बाल नोंच लिये। वह अपने आपको गालियां देता, पृथ्वी पर पेट के बल पड़कर बच्चों की तरह रोया भी परंतु सब व्यर्थ।

प्रातःकाल नरेन्द्र मौन बैठा था कि मनमोहन बाबू के द्वारपाल ने आकर उसे एक पत्र दिया। उसने उसे खोलकर देखा। प्रोफेसर साहब ने उसमें लिखा था-

प्रिय नरेन्द्र,

प्रदर्शनी होने में अब अधिक दिन शेष नहीं हैं। एक सप्ताह के अन्दर यदि चित्र न आया तो ठीक नहीं। लिखना, तुम्हारी क्या प्रगति हुई है और तुम्हारा चित्र कितना बन गया है?

योगेश बाबू ने चित्र चित्रित कर दिया है। मैंने देखा है, सुन्दर है, परन्तु मुझे तुमसे और भी अच्छे चित्र की आशा है। तुमसे अधिक प्रिय मुझे और कोई नहीं। आशीर्वाद देता हूँ, तुम अपने गुरु की लाज रख सको।

इसका ध्यान रखना। इस प्रदर्शनी में यदि तुम्हारा चित्र अच्छा रहा तो तुम्हारी ख्याति में कोई बाधा न रहेगी। तुम्हारा परिश्रम सफल हो, यही कामना है।

-मनमोहन

पत्र पढ़कर नरेन्द्र और भी व्याकुल हुआ। केवल एक सप्ताह शेष है और अभी तक उसके मस्तिष्क में चित्र के विषय में कोई विचार ही नहीं आया। खेद है अब वह क्या करेगा?

उसे अपने आत्म-बल पर बहुत विश्वास था, पर उस समय वह विश्वास भी जाता रहा। इसी तुच्छ शक्ति पर वह दस व्यक्तियों में सिर उठाए फिरता रहा?

उसने सोचा था अमर कलाकार बन जाऊँगा, परन्तु वाह रे दुर्भाग्य! अपनी अयोग्यता पर नरेन्द्र की आंखों में आँसू भर आये।

5

रोगी की रात जैसे आंखों में निकल जाती है उसकी वह रात वैसे ही समाप्त हुई। नरेन्द्र को इसका तनिक भी पता न हुआ। उधर वह कई दिनों से चित्रशाला ही में सोया था। नरेन्द्र के मुख पर जागरण के चिन्ह थे। उसकी पत्नी दौड़ी-दौड़ी आई और शीघ्रता से उसका हाथ पकड़कर बोली- अजी बच्चे को क्या हो गया है, आकर देखो तो।

नरेन्द्र ने पूछा- क्या हुआ?

पत्नी लीला हांफते हुए बोली- शायद हैजा! इस प्रकार खड़े न रहो, बच्चा बिल्कुल अचेत पड़ा है।

बहुत ही अनमने मन से नरेन्द्र शयन-कक्ष में प्रविष्ट हुआ।

बच्चा बिस्तर से लगा पड़ा था। पलंग के चारों ओर उस भयानक रोग के चिन्ह दृष्टिगोचर हो रहे थे। लाल रंग दो घड़ी में ही पीला हो गया था। सहसा देखने से यही ज्ञात होता था जैसे बच्चा जीवित नहीं है। केवल उसके वक्ष के समीप कोई वस्तु धक-धक कर रही थी, और इस क्रिया से ही जीवन के कुछ चिन्ह दृष्टिगोचर होते थे।

वह बच्चे के सिरहाने सिर झुकाकर खड़ा हो गया।

लीला ने कहा- इस तरह खड़े न रहो। जाओ, डॉक्टर को बुला लाओ।

माँ की आवाज सुनकर बच्चे ने आँखें मलीं। भर्राई हुई आवाज में बोला- माँ! ओ माँ!!

मेरे लाल! मेरी पूंजी। क्या कह रहा है? कहते-कहते लीला ने दोनों हाथों से बच्चे को अपनी गोद से चिपटा लिया। माँ के वक्ष पर सिर रखकर बच्चा फिर पड़ा रहा।

नरेन्द्र के नेत्र सजल हो गए। वह बच्चे की ओर देखता रहा।

लीला ने उपालम्भमय स्वर में कहा-अभी तक डॉक्टर को बुलाने नहीं गये?

नरेन्द्र ने दबी आवाज में कहा- ऐं...डॉक्टर?

पति की आवाज का अस्वाभाविक स्वर सुनकर लीला ने चकित होते हुए कहा- क्या?

कुछ नहीं।

जाओ, डॉक्टर को बुला लाओ।

अभी जाता हूँ।

नरेन्द्र घर से बाहर निकला।

घर का द्वार बन्द हुआ। लीला ने आश्चर्य-चकित होकर सुना कि उसके पति ने बाहर से द्वार की जंजीर खींच ली और वह सोचती रही- यह क्या?

6

नरेन्द्र चित्रशाला में प्रविष्ट होकर एक कुर्सी पर बैठ गया।

दोनों हाथों से मुँह ढांपकर वह सोचने लगा। उसकी दशा देखकर ऐसा लगता था कि वह किसी तीव्र आत्मिक पीड़ा से पीड़ित है। चारों ओर गहरे सूनेपन का राज्य था। केवल दीवार लगी हुई घड़ी कभी न थकने वाली गति से टिक-टिक कर रही थी और नरेन्द्र के सीने के अन्दर उसका हृदय मानो उत्तर देता हुआ कह रहा था- धक! धक! सम्भवतः उसके भयानक संकल्पों से परिचित होकर घड़ी और उसका हृदय परस्पर कानाफूसी कर रहे थे। सहसा नरेन्द्र उठ खड़ा हुआ। संज्ञाहीन अवस्था में कहने लगा- क्या करूं? ऐसा आदर्श फिर न मिलेगा, परन्तु...वह तो मेरा पुत्र है।

वह कहते-कहते रुक गया। मौन होकर सोचने लगा। सहसा मकान के अन्दर से सनसनाते हुए बाण की भांति 'हाय' की हृदयबेधक आवाज उसके कानों में पहुंची।

मेरे लाल! तू कहां गया?

जिस प्रकार चिल्ला टूट जाने से कमान सीधी हो जाती है, चिन्ता और व्याकुलता से नरेन्द्र ठीक उसी तरह सीधा खड़ा हो गया। उसके मुख पर लाली का चिन्ह तक न था, फिर कान लगाकर उसने आवाज सुनी, वह समझ गया कि बच्चा चल बसा।

मन-ही-मन में बोला- भगवान! तुम साक्षी हो, मेरा कोई अपराध नहीं।

इसके बाद वह अपने सिर के बालों को मुट्ठी में लेकर सोचने लगा। जैसे कुछ समय पश्चात् ही मनुष्य निद्रा से चौंक उठता है उसी प्रकार चौंककर जल्दी-जल्दी मेज पर से कागज, तूलिका और रंग आदि लेकर वह कमरे से बाहर निकल गया।

शयन-कक्ष के सामने एक खिड़की के समीप आकर वह अचकचा कर खड़ा हो गया। कुछ सुनाई देता है क्या? नहीं सब खामोश हैं। उस खिड़की से कमरे का आन्तरिक भाग दिखाई पड़ रहा था। झांककर भय से थर-थर कांपते हुए उसने देखा तो उसके सारे शरीर में कांटे-से चुभ गये। बिस्तर उलट-पुलट हो रहा था। पुत्र से रिक्त गोद किए माँ वहीं पड़ी तड़प रही थी।

और इसके अतिरिक्त...माँ कमरे में पृथ्वी पर लोटते हुए, बच्चे के मृत शरीर को दोनों हाथों से वक्षःस्थल के साथ चिपटाए, बाल बिखरे, नेत्र विस्फारित किए, बच्चे के निर्जीव होंठों को बार-बार चूम रही थी।

नरेन्द्र की दोनों आंखों में किसी ने दो सलाखें चुभो दी हों। उसने होंठ चबाकर कठिनता से स्वयं को संभाला और इसके साथ ही कागज पर पहली रेखा खींची। उसके सामने कमरे के अन्दर वही भयानक दृश्य उपस्थित था। संभवतः संसार के किसी अन्य चित्रकार ने ऐसा दृश्य सम्मुख रखकर तूलिका न उठाई होगी।

देखने में नरेन्द्र के शरीर में कोई गति न थी, परन्तु उसके हृदय में कितनी वेदना थी? उसे कौन समझ सकता है, वह तो पिता था।

नरेन्द्र जल्दी-जल्दी चित्र बनाने लगा। जीवन-भर चित्र बनाने में इतनी जल्दी उसने कभी न की। उसकी उंगलियां किसी अज्ञात शक्ति से अपूर्व शक्ति प्राप्त कर चुकी थीं। रूप-रेखा बनाते हुए उसने सुना- बेटा, ओ बेटा! बातें करो, बात करो, जरा एक बार तुम देख तो लो?

नरेन्द्र ने अस्फुट स्वर में कहा- उफ! यह असहनीय है। और उसके हाथ से तूलिका छूटकर पृथ्वी पर गिर पड़ी।

किन्तु उसी समय तूलिका उठाकर वह पुनः चित्र बनाने लगा। रह-रहकर लीला का क्रन्दन-रुदन कानों में पहुंचकर हृदय को छेड़ता और रक्त की गति को मन्द करता और उसके हाथ स्थिर होकर उसकी तूलिका की गति को रोक देते।

इसी प्रकार पल-पर-पल बीतने लगे।

मुख्य द्वार से अन्दर आने के लिए नौकरों ने शोर मचाना शुरू कर दिया था, परन्तु नरेन्द्र मानो इस समय विश्व और विश्वव्यापी कोलाहल से बहरा हो चुका था।

वह कुछ भी न सुन सका। इस समय वह एक बार कमरे की ओर देखता और एक बार चित्र की ओर, बस रंग में तूलिका डुबोता और फिर कागज पर चला देता।

वह पिता था, परन्तु कमरे के अन्दर पत्नी के हृदय से लिपटे हुए मृत बच्चे की याद भी वह धीरे-धीरे भूलता जा रहा था।

सहसा लीला ने उसे देख लिया। दौड़ती हुई खिड़की के समीप आकर दुखित स्वर में बोली-क्या डॉक्टर को बुलाया? जरा एक बार आकर देख तो लेते कि मेरा लाल जीवित है या नहीं...यह क्या? चित्र बना रहे हो?

चौंककर नरेन्द्र ने लीला की ओर देखा। वह लड़खड़ाकर गिर रही थी।

बाहर से द्वार खटखटाने और बार-बार चिल्लाने पर भी जब कपाट न खुले, तो रसोइया और नौकर दोनों डर गये। वे अपना काम समाप्त करके प्रायः संध्या समय घर चले जाते थे और प्रातःकाल काम करने आ जाते थे। प्रतिदिन लीला या नरेन्द्र दोनों में से कोई-न-कोई द्वार खोल देता था, आज चिल्लाने और खटखटाने पर भी द्वार न खुला। इधर रह-रहकर लीला की क्रन्दन-ध्वनि भी कानों में आ रही थी।

उन लोगों ने मुहल्ले के कुछ व्यक्तियों को बुलाया। अन्त में सबने सलाह करके द्वार तोड़ डाला।

सब आश्चर्य-चकित होकर मकान में घुसे। जीने से चढ़कर देखा कि दीवार का सहारा लिये, दोनों हाथ जंघाओं पर रखे नरेन्द्र सिर नीचा किए हुए बैठा है।

उनके पैरों की आहट से नरेन्द्र ने चौंककर मुंह उठाया। उसके नेत्र रक्त की भांति लाल थे। थोड़ी देर पश्चात् वह ठहाका मारकर हँसने लगा और सामने लगे चित्र की ओर उंगली दिखाकर बोल उठा- डॉक्टर! डॉक्टर!! मैं अमर हो गया।

7

दिन बीतते गये, प्रदर्शनी आरम्भ हो गई। प्रदर्शनी में देखने की कितनी ही वस्तुएं थीं, परन्तु दर्शक एक ही चित्र पर झुके पड़ते थे। चित्र छोटा-सा था और अधूरा भी, नाम था 'अन्तिम प्यार।'

चित्र में चित्रित किया हुआ था, एक माँ बच्चे का मृत शरीर हृदय से लगाये अपने दिल के टुकड़े के चन्दा से मुख को बार-बार चूम रही है।

शोक और चिन्ता में डूबी हुई माँ के मुख, नेत्र और शरीर में चित्रकार की तूलिका ने एक ऐसा सूक्ष्म और दर्दनाक चित्र चित्रित किया कि जो देखता उसी की आंखों से आंसू निकल पड़ते। चित्र की रेखाओं में इतनी अधिक सूक्ष्मता से दर्द भरा जा सकता है, यह बात इससे पहले किसी के ध्यान में न आई थी।

इस दर्शक-समूह में कितने ही चित्रकार थे। उनमें से एक ने कहा- देखिए योगेश बाबू, आप क्या कहते हैं?

योगेश बाबू उस समय मौन धारण किए चित्र की ओर देख रहे थे, सहसा प्रश्न सुनकर एक आंख बन्द करके बोले- यदि मुझे पहले से ज्ञात होता तो मैं नरेन्द्र को अपना गुरु बनाता।

दर्शकों ने धन्यवाद, साधुवाद और वाह-वाह की झड़ी लगा दी परन्तु किसी को भी मालूम न हुआ कि उस सज्जन पुरुष का मूल्य क्या है, जिसने इस चित्र को चित्रित किया है।

किस प्रकार चित्रकार ने स्वयं को धूलि में मिलाकर रक्त से इस चित्र को रंगा है, उसकी यह दशा किसी को भी ज्ञात न हो सकी।

प्रेम का मूल्य

बृहस्पति छोटे देवतओं का गुरु था। उसने अपने बेटे कच को संसार में भेजा कि शंकराचार्य से अमर-जीवन का रहस्य मालूम करे। कच शिक्षा प्राप्त करके स्वर्ग-लोक को जाने के लिए तैयार था। उस समय वह अपने गुरु की पुत्री देवयानी से विदा लेने के लिए आया।

कच- "देवयानी, मैं विदा लेने के लिए आया हूँ। तुम्हारे पिता के चरण-कमलों में मेरी शिक्षा पूरी हो चुकी है कृपा कर मुझे स्वर्ग-लोक जाने की आज्ञा दो।"

देवयानी- "तुम्हारी कामना पूर्ण हुई। जीवन के अमरत्व का वह रहस्य तुम्हें ज्ञात हो चुका है, जिसकी देवताओं को सर्वदा इच्छा रही है, किन्तु तनिक विचार तो करो, क्या कोई और ऐसी वस्तु शेष नहीं जिसकी तुम इच्छा कर सको?"

कच- "कोई नहीं।"

देवयानी- "बिल्कुल नहीं? तनिक अपने हृदय को टटोलो और देखो सम्भवतः कोई छोटी-बड़ी इच्छा कहीं दबी पड़ी हो?"

कच- "मेरे ऊषाकालीन जीवन का सूर्य अब ठीक प्रकाश पर आ गया है। उसके प्रकाश से तारों का प्रकाश मध्दिम पड़ चुका है। मुझे अब वह रहस्य ज्ञात हो गया है जो जीवन का अमरत्व है।"

देवयानी- "तब तो सम्पूर्ण संसार में तुमसे अधिक कोई भी व्यक्ति प्रसन्न न होगा। खेद है कि आज पहली बार मैं यह अनुभव कर रही हूँ कि एक अपरिचित देश में विश्राम करना तुम्हारे लिए कितना कष्टप्रद था। यद्यपि यह सत्य है कि उत्तम-से-उत्तम वस्तु जो हमारे मस्तिष्क में थी, तुमको भेंट कर दी गई है।"

कच- "इसका तनिक भी विचार मत करो और हर्ष-सहित मुझे जाने की आज्ञा दो।"

देवयानी- "सुखी रहो मेरे अच्छे सखा! तुम्हें प्रसन्न होना चाहिए कि यह तुम्हारा स्वर्ग नहीं है। इस मृत्यु-लोक में जहां तृषा से कंठ में कांटे पड़ जाते हैं, हँसना और मुस्कराना कोई ठिठोली नहीं है। यह ही संसार है जहां अधूरी इच्छाएं चहुंओर घिरी हुई हैं, जहां खोई हुई प्रसन्नता की स्मृति में बार-बार कलेजे में हूक उठती है। जहां ठंडी सांसों से पाला पड़ा है। तुम्हीं कहो, इस दुनिया में कोई क्या हँसेगा?"

कच- "देवयानी बता, जल्दी बता, मुझसे क्या अपराध हुआ?"

देवयानी- "तुम्हारे लिए इस वन को छोड़ना बहुत सरल है। यह वही वन है जिसने इतने वर्षों तक तुम्हें अपनी छाया में रखा और तुम्हें लोरियां दे-देकर थपकाता रहा। तुम्हें अनुभव नहीं होता कि आज वायु किस प्रकार क्रन्दन कर रही है? देखो, वृक्षों की हिलती हुई छाया को देखो, उनके कोमल पल्लवों को निहारो। वे वायु में घूम नहीं रहे बल्कि किसी खोई हुई आशा की भांति भटके-

भटके फिर रहे हैं। एक तुम हो कि तुम्हारे ओष्ठों पर हंसी खेल रही है। प्रसन्नता के साथ तुम विदा हो रहे हो।"

कच- "मैं इस वन को किसी प्रकार मातृ-भूमि से कम नहीं समझता क्योंकि यहां ही मैं वास्तव में आरम्भ से जन्मा हूँ। इसके प्रति मेरा स्नेह कभी कम न होगा।"

देवयानी- "वह देखो सामने बड़ का वृक्ष है। जिसने दिन के घोर ताप में जबकि तुमने पशुओं को हरियाली में चरने के लिए छोड़ दिया था, तुम पर प्रेम से छाया की थी।"

कच- "ऐ वन के स्वामी! मैं तुम्हें प्रणाम करता हूँ। जब और विद्यार्थी यहां शिक्षा-प्राप्ति हेतु आए और शहद की मक्खियों की भनभनाहट और पत्तों की सरसराहट के साथ-साथ तेरी छाया में बैठकर अपना पाठ दोहराएं तो मुझे भी स्मरण रखना।"

देवयानी- "और तनिक वनमती का भी तो ध्यान करो जिसके निर्मल और तीव्र प्रवाह का जल प्रेम-संगीत की एक लहर के समान है।"

कच- "आह! उसको बिल्कुल नहीं भूल सकता। उसकी स्मृति सदा बनी रहेगी। वनमती मेरी गरीबी की साथी है। वह एक तल्लीन युवती की भांति होंठों पर मुस्कान लिये अपने सीधे-सीधे गीत गुनगुनाते हुए निःस्वार्थ सेवा करती है।"

देवयानी- "किन्तु प्रिय सखा, तुम्हें स्मरण कराना चाहती हूँ कि तुम्हारा और भी कोई साथी था, जिसने बेहद प्रयत्न किया कि तुम इस निर्धनता के दुःख से भरे जीवन के प्रभाव से प्रभावित न हो। यह दूसरी बात है कि यह प्रयत्न व्यर्थ हुआ।"

कच- "उसकी स्मृति तो जीवन का एक अंग बन चुकी है।"

देवयानी- "मुझे वे दिन स्मरण हैं जब तुम पहली बार यहां आये थे। उस समय तुम्हारी आयु किशोर अवस्था से कुछ ही अधिक थी। तुम्हारे नेत्र मुस्करा रहे थे, तुम उस समय उधर वाटिका की बाढ़ के समीप खड़े थे।"

कच- "हां! हां! उस समय तुम फूल चुन रही थीं। तुम्हारे शरीर पर श्वेत वस्त्र थे। ऐसा दिखाई देता था जैसे ऊषा ने अपने प्रकाश में स्नान किया है। तुम्हें सम्भवतः स्मरण होगा, मैंने कहा था यदि मैं तुम्हारी कुछ सहायता कर सकूं तो मेरा सौभाग्य होगा।"

देवयानी- "स्मरण क्यों नहीं है। मैंने आश्चर्य से तुमसे पूछा था कि तुम कौन हो? और तुमने अत्यन्त नम्रता से उत्तर दिया था कि मैं इन्द्र की सभा के प्रसिद्ध गुरु "बृहस्पति" का सुपुत्र हूँ। फिर तुमने बताया कि तुम मेरे पिता से वह रहस्य मालूम करना चाहते हो, जिससे मुर्दे जीवित हो सकते हैं।"

कच- "मुझे सन्देह था कि सम्भव है, तुम्हारे पिता मुझे अपने शिष्य रूप में स्वीकार न करें।"

देवयानी- "किन्तु जब मैंने तुम्हारी स्वीकृति के लिए समर्थन किया तो वह इस विनती को अस्वीकार न कर सके। उनको अपनी पुत्री से इतना अधिक स्नेह है कि वह उसकी बात टाल नहीं सकते।"

कच- "और जब मैं तीन बार विपक्षियों के हाथों मारा गया तो तुम्हीं ने अपने पिता को बाध्य किया था कि मुझे दोबारा जीवित करें। मैं इस उपकार को बिल्कुल नहीं विस्मृत कर सकता।"

देवयानी- "उपकार? यदि तुम उसको विस्मृत कर दोगे तो मुझे बिल्कुल दुःख न होगा। क्या तुम्हारी स्मृति केवल लाभ पर ही दृष्टि रखती है? यदि यही बात है तो उसका विस्मृत हो जाना ही अच्छा है। प्रतिदिन पाठ के पश्चात् संध्या के अंधेरे और शून्यता में यदि असाधारण हर्ष और प्रसन्नता की लहरें तुम्हारे सिर पर बीती हों तो उनको स्मरण रखो, उपकार को स्मरण रखने से क्या लाभ? यदि कभी तुम्हारे पास से कोई गुजरा हो, जिसके गीत का चुभता हुआ टुकड़ा तुम्हारे पाठ में उलझ गया हो या जिसके वायु में लहराते हुए आंचल ने तुम्हारे ध्यान को पाठ से हटाकर अपनी ओर आकर्षित कर लिया हो, अपने अवकाश के समय में कभी उसको अवश्य स्मरण कर लेना परन्तु केवल यही, कुछ और नहीं! सौन्दर्य और प्रेम का याद न आना ही अच्छा है।"

कच- "बहुत-सी वस्तुएं हैं जो शब्दों द्वारा प्रकट नहीं हो सकतीं।"

देवयानी- "हां, हां, मैं जानती हूँ। मेरे प्रेम से तुम्हारे हृदय का एक-एक अणु छिद चुका है और यही कारण है कि मैं बिना संकोच के इस सत्य को प्रकट कर रही हूँ कि तुम्हारी सुरक्षा और कम बोलना मुझे पसन्द नहीं। तुम्हें मुझसे अलग होना अच्छा नहीं यहीं विश्राम करो, कोई ख्याति ही हर्ष का साधन नहीं है। अब तुम मुझको छोड़कर नहीं जा सकते, तुम्हारा रहस्य मुझ पर खुल चुका है।"

कच- "नहीं देवयानी, नहीं, ऐसा न कहो।"

देवयानी- "क्या कहा, नहीं? मुझसे क्यों झूठ बोलते हो? प्रेम की दृष्टि छिपी नहीं रहती। प्रतिदिन तुम्हारे सिर के तनिक से हिलने

से तुम्हारे हाथों के कम्पन से तुम्हारा हृदय, तुम्हारी इच्छा मुझ पर प्रकट करता है। जिस प्रकार सागर अपनी तंरगों द्वारा काम करता है, उसी प्रकार तुम्हारे हृदय ने तुम्हारी भाव-भंगिमा द्वारा मुझ तक संदेश पहुंचाया। सहसा मेरी आवाज सुनकर तुम तिलमिला उठते थे। क्या तुम समझते हो कि मुझे तुम्हारी उस दशा का अनुभव नहीं हुआ? मैं तुमको भलीभांति जानती हूँ और इसलिए अब तुम सर्वदा मेरे हो। तुम्हारे देवताओं का राजा भी इस सम्बन्ध को नहीं तोड़ सकता!"

कच- "किन्तु देवयानी, तुम्हीं हो, क्या इतने वर्ष अपने घर और घर वालों से अलग रहकर मैंने इसीलिए परिश्रम किया था?"

देवयानी- "क्यों नहीं, क्या तुम समझते हो कि संसार में शिक्षा का मूल्य है और प्रेम का मूल्य ही नहीं? समय नष्ट मत करो, साहस से काम लो और यह प्रतिज्ञा करो। शक्ति, शिक्षा और ख्याति की प्राप्ति के लिए मनुष्य तपस्या और इन्द्रियों का दमन करता है। एक स्त्री के सामने इन सबका कोई मूल्य नहीं।"

कच- "तुम जानती हो कि मैंने सच्चे हृदय से देवताओं से प्रतिज्ञा की थी कि मैं जीवन के अमरत्व का रहस्य प्राप्त करके आपकी सेवा में आ उपस्थित होऊंगा?"

देवयानी- "परंतु क्या तुम कह सकते हो कि तुम्हारे नेत्रों ने पुस्तकों के अतिरिक्त और किसी वस्तु पर दृष्टि नहीं डाली? क्या तुम यह कह सकते हो कि मुझे पुष्प भेंट करने के लिए तुमने कभी अपनी पुस्तक को नहीं छोड़ा? क्या तुम्हें कभी ऐसे अवसर की खोज नहीं रही कि संध्याकाल मेरी पुष्प-वाटिका के पुष्पों पर जल छिड़क सको? संध्या समय जब नदी पर अन्धकार का वितान तन

जाता तो मानो प्रेम अपने दुखित मौन पर छा जाता। तुम घास पर मेरे बराबर बैठकर मुझे अपने स्वर्गिक गीत गाकर क्यों सुनाते थे? क्या यह सब काम उन षडयंत्रों से भरी हुई चालाकियों का एक भाग नहीं, जो तुम्हारे स्वर्ग में क्षम्य है? क्या इन कृत्रिम युक्तियों से तुमने मेरे पिता को अपना न बनाना चाहा था और अब विदाई के समय धन्यवाद के कुछ मूल्यहीन सिक्के उस सेविका की ओर फेंकते हो, जो तुम्हारे छल से छली जा चुकी है?"

कच- "अभिमानी स्त्री! वास्तविकता को मालूम करने से क्या लाभ? यह मेरा भ्रम था कि मैंने एक विशेष भावना के वश तेरी सेवा की और मुझे उसका दण्ड मिल गया किन्तु अभी वह समय नहीं आया कि मैं इस प्रश्न का उत्तर दे सकूं कि मेरा प्रेम सत्य था या नहीं क्योंकि मुझे अपने जीवन का उद्देश्य दिखाई दे रहा है। अब चाहे तो तेरे हृदय से अग्नि की चिनगारियां निकल-निकलकर सम्पूर्ण वायुमण्डल को आच्छादित कर लें, मैं भलीभांति जानता हूँ कि स्वर्ग अब मेरे लिए स्वर्ग नहीं रहा, देवताओं की सेवा में यह रहस्य तुरन्त ही पहुंचाना मेरा कर्तव्य है। जिसको मैंने कठिन परिश्रम के पश्चात् प्राप्त किया है। इससे पहले मुझे व्यक्तिगत प्रसन्नता की प्राप्ति का ध्यान तनिक भी नहीं था। क्षमा कर देवयानी, मुझे क्षमा कर? सच्चे हृदय से क्षमा का इच्छुक हूँ। इस बात को सत्य जाना कि तुझे आघात पहुंचाकर मैंने अपनी कठिनाइयों को दुगुना कर लिया है।"

देवयानी- "क्षमा? तुमने मेरे नारी-हृदय को पाषाण की भांति कठोर कर दिया है, वह ज्वालामुखी की भांति क्रोध में भभक रहा है। तुम अपने काम पर वापस जा सकते हो किन्तु मेरे लिए शेष

क्या रहा, केवल स्मृति का एक कंटीला बिछौना और छिपी हुई लज्जा, जो सर्वदा मेरे प्रेम का उपहास करेगी। तुम एक पथिक के रूप में यहां आये धूप से बचने के लिए। मेरे वृक्षों की छाया में आश्रय लिया और अपना समय बिताया। तुमने मेरे उद्यान के सम्पूर्ण पुष्प तोड़कर एक माला गूंथी और जब चलने का समय आया तो तुमने धागा तोड़ दिया पुष्पों को धूल में मिला दिया। मैं अपने दुखित हृदय से शाप देती हूँ जो शिक्षा तुमने प्राप्त की है वह सब तुमसे विस्मृत हो जाये, दूसरे व्यक्ति तुमसे यह शिक्षा प्राप्त करेंगे, किन्तु जिस प्रकार तारे रात में अंधियारी से सम्बन्ध स्थापित नहीं कर पाते, बल्कि अलग रहते हैं, उसी प्रकार तुम्हारी यह विद्या भी तुम्हारे जीवन से अलग रहेगी। व्यक्तिगत रूप में तुम्हें इससे कोई लाभ न होगा और यह केवल इसलिए कि तुमने प्रेम का अपमान किया, प्रेम का मूल्य नहीं समझा।"

भिखारिन

अन्धी प्रतिदिन मन्दिर के दरवाजे पर जाकर खड़ी होती, दर्शन करने वाले बाहर निकलते तो वह अपना हाथ फैला देती और नम्रता से कहती- बाबूजी, अन्धी पर दया हो जाए।

वह जानती थी कि मन्दिर में आने वाले सहृदय और श्रद्धालु हुआ करते हैं। उसका यह अनुमान असत्य न था। आने-जाने वाले दो-चार पैसे उसके हाथ पर रख ही देते। अन्धी उनको दुआएं देती और उनकी सहृदयता को सराहती। स्त्रियां भी उसके पल्ले में थोड़ा-बहुत अनाज डाल जाया करती थीं।

प्रातः से संध्या तक वह इसी प्रकार हाथ फैलाए खड़ी रहती। उसके पश्चात् मन-ही-मन भगवान को प्रणाम करती और अपनी लाठी के सहारे झोंपड़ी का पथ ग्रहण करती। उसकी झोंपड़ी नगर से बाहर थी। रास्ते में भी याचना करती जाती किन्तु राहगीरों में अधिक संख्या श्वेत वस्त्रों वालों की होती, जो पैसे देने की अपेक्षा झिड़कियां दिया करते हैं। तब भी अन्धी निराश न होती और उसकी याचना बराबर जारी रहती। झोंपड़ी तक पहुंचते-पहुंचते उसे दो-चार पैसे और मिल जाते।

झोंपड़ी के समीप पहुंचते ही एक दस वर्ष का लड़का उछलता-कूदता आता और उससे चिपट जाता। अन्धी टटोलकर उसके मस्तक को चूमती।

बच्चा कौन है? किसका है? कहां से आया? इस बात से कोई परिचय नहीं था। पांच वर्ष हुए पास-पड़ोस वालों ने उसे अकेला देखा था। इन्हीं दिनों एक दिन संध्या-समय लोगों ने उसकी गोद में एक बच्चा देखा, वह रो रहा था, अन्धी उसका मुख चूम-चूमकर उसे चुप कराने का प्रयत्न कर रही थी। वह कोई असाधारण घटना न थी, अतः किसी ने भी न पूछा कि बच्चा किसका है। उसी दिन से यह बच्चा अन्धी के पास था और प्रसन्न था। उसको वह अपने से अच्छा खिलाती और पहनाती।

अन्धी ने अपनी झोंपड़ी में एक हांडी गाड़ रखी थी। संध्या-समय जो कुछ मांगकर लाती उसमें डाल देती और उसे किसी वस्तु से ढांप देती। इसलिए कि दूसरे व्यक्तियों की दृष्टि उस पर न पड़े। खाने के लिए अन्न काफी मिल जाता था। उससे काम चलाती। पहले बच्चे को पेट भरकर खिलाती फिर स्वयं खाती। रात को बच्चे को अपने वक्ष से लगाकर वहीं पड़ रहती। प्रातःकाल होते ही उसको खिला-पिलाकर फिर मन्दिर के द्वार पर जा खड़ी होती।

2

काशी में सेठ बनारसीदास बहुत प्रसिद्ध व्यक्ति हैं। बच्चा-बच्चा उनकी कोठी से परिचित है। बहुत बड़े देशभक्त और धर्मात्मा हैं। धर्म में उनकी बड़ी रुचि है। दिन के बारह बजे तक सेठ स्नान-ध्यान में संलग्न रहते। कोठी पर हर समय भीड़ लगी रहती। कर्ज के इच्छुक तो आते ही थे, परन्तु ऐसे व्यक्तियों का भी तांता बंधा रहता जो अपनी पूंजी सेठजी के पास धरोहर रूप में रखने आते

थे। सैकड़ों भिखारी अपनी जमा-पूंजी इन्हीं सेठजी के पास जमा कर जाते। अन्धी को भी यह बात ज्ञात थी, किन्तु पता नहीं अब तक वह अपनी कमाई यहां जमा कराने में क्यों हिचकिचाती रही।

उसके पास काफी रुपये हो गए थे, हांडी लगभग पूरी भर गई थी। उसको शंका थी कि कोई चुरा न ले। एक दिन संध्या-समय अन्धी ने वह हांडी उखाड़ी और अपने फटे हुए आंचल में छिपाकर सेठजी की कोठी पर पहुंची।

सेठजी बही-खाते के पृष्ठ उलट रहे थे, उन्होंने पूछा- क्या है बुढ़िया?

अंधी ने हांडी उनके आगे सरका दी और डरते-डरते कहा- सेठजी, इसे अपने पास जमा कर लो, मैं अंधी, अपाहिज कहां रखती फिरूंगी?

सेठजी ने हांडी की ओर देखकर कहा-इसमें क्या है?

अन्धी ने उत्तर दिया- भीख मांग-मांगकर अपने बच्चे के लिए दो-चार पैसे संग्रह किये हैं, अपने पास रखते डरती हूँ, कृपया इन्हें आप अपनी कोठी में रख लें।

सेठजी ने मुनीम की ओर संकेत करते हुए कहा- बही में जमा कर लो। फिर बुढ़िया से पूछा-तेरा नाम क्या है?

अंधी ने अपना नाम बताया, मुनीमजी ने नकदी गिनकर उसके नाम से जमा कर ली और वह सेठजी को आशीर्वाद देती हुई अपनी झोंपड़ी में चली गई।

3

दो वर्ष बहुत सुख के साथ बीते। इसके पश्चात् एक दिन लड़के को ज्वर ने आ दबाया। अंधी ने दवा-दारू की, झाड़-फूंक से भी काम

लिया, टोने-टोटके की परीक्षा की, परन्तु सम्पूर्ण प्रयत्न व्यर्थ सिद्ध हुए। लड़के की दशा दिन-प्रतिदिन बुरी होती गई, अंधी का हृदय टूट गया, साहस ने जवाब दे दिया, निराश हो गई। परन्तु फिर ध्यान आया कि संभवतः डॉक्टर के इलाज से फायदा हो जाए। इस विचार के आते ही वह गिरती-पड़ती सेठजी की कोठी पर आ पहुंची। सेठजी उपस्थित थे।

अंधी ने कहा- सेठजी मेरी जमा-पूंजी में से दस-पांच रुपये मुझे मिल जायें तो बड़ी कृपा हो। मेरा बच्चा मर रहा है, डॉक्टर को दिखाऊँगी।

सेठजी ने कठोर स्वर में कहा- कैसी जमा पूंजी? कैसे रुपये? मेरे पास किसी के रुपये जमा नहीं हैं।

अंधी ने रोते हुए उत्तर दिया- दो वर्ष हुए मैं आपके पास धरोहर रख गई थी। दे दीजिए बड़ी दया होगी।

सेठजी ने मुनीम की ओर रहस्यमयी दृष्टि से देखते हुए कहा- मुनीमजी, जरा देखना तो, इसके नाम की कोई पूंजी जमा है क्या? तेरा नाम क्या है री?

अंधी की जान-में-जान आई, आशा बंधी। पहला उत्तर सुनकर उसने सोचा कि सेठ बेईमान है, किन्तु अब सोचने लगी सम्भवतः उसे ध्यान न रहा होगा। ऐसा धर्मी व्यक्ति भी भला कहीं झूठ बोल सकता है। उसने अपना नाम बता दिया। उलट-पलटकर देखा। फिर कहा- नहीं तो, इस नाम पर एक पाई भी जमा नहीं है।

अंधी वहीं जमी बैठी रही। उसने रो-रोकर कहा- सेठजी, परमात्मा के नाम पर, धर्म के नाम पर, कुछ दे दीजिए। मेरा बच्चा जी जाएगा। मैं जीवन-भर आपके गुण गाऊंगी।

परन्तु पत्थर में जोंक न लगी। सेठजी ने क्रुद्ध होकर उत्तर दिया- जाती है या नौकर को बुलाऊं? अंधी लाठी टेककर खड़ी हो गई और सेठजी की ओर मुंह करके बोली- अच्छा भगवान तुम्हें बहुत दे। और अपनी झोंपड़ी की ओर चल दी।

यह अशीष न था बल्कि एक दुःखी का शाप था। बच्चे की दशा बिगड़ती गई, दवा-दारू हुई ही नहीं, फायदा क्यों कर होता। एक दिन उसकी अवस्था चिन्ताजनक हो गई, प्राणों के लाले पड़ गये, उसके जीवन से अंधी भी निराश हो गई। सेठजी पर रह-रहकर उसे क्रोध आता था। इतना धनी व्यक्ति है, दो-चार रुपये दे देता तो क्या चला जाता और फिर मैं उससे कुछ दान नहीं मांग रही थी, अपने ही रुपये मांगने गई थी। सेठजी से घृणा हो गई।

बैठे-बैठे उसको कुछ ध्यान आया। उसने बच्चे को अपनी गोद में उठा लिया और ठोकरें खाती, गिरती-पड़ती, सेठजी के पास पहुंची और उनके द्वार पर धरना देकर बैठ गई। बच्चे का शरीर ज्वर से भभक रहा था और अंधी का कलेजा भी।

एक नौकर किसी काम से बाहर आया। अंधी को बैठा देखकर उसने सेठजी को सूचना दी, सेठजी ने आज्ञा दी कि उसे भगा दो।

नौकर ने अंधी से चले जाने को कहा, किन्तु वह उस स्थान से न हिली। मारने का भय दिखाया, पर वह टस-से-मस न हुई। उसने फिर अन्दर जाकर कहा कि वह नहीं टलती।

सेठजी स्वयं बाहर पधारे। देखते ही पहचान गये। बच्चे को देखकर उन्हें बहुत आश्चर्य हुआ कि उसकी शक्ल-सूरत उनके मोहन से बहुत मिलती-जुलती है। सात वर्ष हुए तब मोहन किसी मेले में खो गया था। उसकी बहुत खोज की, पर उसका कोई पता

न मिला। उन्हें स्मरण हो आया कि मोहन की जांघ पर एक लाल रंग का चिन्ह था। इस विचार के आते ही उन्होंने अंधी की गोद के बच्चे की जांघ देखी। चिन्ह अवश्य था परन्तु पहले से कुछ बड़ा। उनको विश्वास हो गया कि बच्चा उन्हीं का है। परन्तु तुरन्त उसको छीनकर अपने कलेजे से चिपटा लिया। शरीर ज्वर से तप रहा था। नौकर को डाक्टर लाने के लिए भेजा और स्वयं मकान के अन्दर चल दिये।

अंधी खड़ी हो गई और चिल्लाने लगी-मेरे बच्चे को न ले जाओ, मेरे रुपये तो हजम कर गये अब क्या मेरा बच्चा भी मुझसे छीनोगे?

सेठजी बहुत चिन्तित हुए और कहा-बच्चा मेरा है, यही एक बच्चा है, सात वर्ष पूर्व कहीं खो गया था अब मिला है, सो इसे कहीं नहीं जाने दूंगा और लाख यत्न करके भी इसके प्राण बचाऊँगा।

अंधी ने एक जोर का ठहाका लगाया-तुम्हारा बच्चा है, इसलिए लाख यत्न करके भी उसे बचाओगे। मेरा बच्चा होता तो उसे मर जाने देते, क्यों? यह भी कोई न्याय है? इतने दिनों तक खून-पसीना एक करके उसको पाला है। मैं उसको अपने हाथ से नहीं जाने दूंगी।

सेठजी की अजीब दशा थी। कुछ करते-धरते बन नहीं पड़ता था। कुछ देर वहीं मौन खड़े रहे फिर मकान के अन्दर चले गये। अन्धी कुछ समय तक खड़ी रोती रही फिर वह भी अपनी झोंपड़ी की ओर चल दी।

दूसरे दिन प्रातःकाल प्रभु की कृपा हुई या दवा ने जादू का-सा प्रभाव दिखाया। मोहन का ज्वर उतर गया। होश आने पर उसने आंख खोली तो सर्वप्रथम शब्द उसकी जबान से निकला, माँ।

चहुंओर अपरिचित शक्लें देखकर उसने अपने नेत्र फिर बन्द कर लिये। उस समय से उसका ज्वर फिर अधिक होना आरम्भ हो गया। माँ-माँ की रट लगी हुई थी, डॉक्टरों ने जवाब दे दिया, सेठजी के हाथ-पांव फूल गये, चहुंओर अंधेरा दिखाई पड़ने लगा।

क्या करूँ एक ही बच्चा है, इतने दिनों बाद मिला भी तो मृत्यु उसको अपने चंगुल में दबा रही है, इसे कैसे बचाऊँ?

सहसा उनको अन्धी का ध्यान आया। पत्नी को बाहर भेजा कि देखो कहीं वह अब तक द्वार पर न बैठी हो। परन्तु वह वहां कहां? सेठजी ने फिटन तैयार कराई और बस्ती से बाहर उसकी झोंपड़ी पर पहुँचे। झोंपड़ी बिना द्वार के थी, अन्दर गए। देखा अन्धी एक फटे-पुराने टाट पर पड़ी है और उसके नेत्रों से अश्रुधार बह रही है। सेठजी ने धीरे से उसको हिलाया। उसका शरीर भी अग्नि की भांति तप रहा था।

सेठजी ने कहा- बुढ़िया! तेरा बच्चा मर रहा है, डॉक्टर निराश हो गए, रह-रहकर वह तुझे पुकारता है। अब तू ही उसके प्राण बचा सकती है। चल और मेरे...नहीं-नहीं अपने बच्चे की जान बचा ले।

अन्धी ने उत्तर दिया- मरता है तो मरने दो, मैं भी मर रही हूँ। हम दोनों स्वर्ग-लोक में फिर माँ-बेटे की तरह मिल जाएंगे। इस लोक में सुख नहीं है, वहां मेरा बच्चा सुख में रहेगा। मैं वहां उसकी सुचारू रूप से सेवा-सुश्रूषा करूंगी।

सेठजी रो दिये। आज तक उन्होंने किसी के सामने सिर न झुकाया था। किन्तु इस समय अन्धी के पांवों पर गिर पड़े और रो-रोकर कहा- ममता की लाज रख लो, आखिर तुम भी उसकी माँ हो। चलो, तुम्हारे जाने से वह बच जायेगा।

ममता शब्द ने अन्धी को विकल कर दिया। उसने तुरन्त कहा- अच्छा, चलो।

सेठजी सहारा देकर उसे बाहर लाये और फिटन पर बिठा दिया। फिटन घर की ओर दौड़ने लगी। उस समय सेठजी और अन्धी भिखारिन दोनों की एक ही दशा थी। दोनों की यही इच्छा थी कि शीघ्र-से-शीघ्र अपने बच्चे के पास पहुंच जायें।

कोठी आ गई, सेठजी ने सहारा देकर अन्धी को उतारा और अन्दर ले गए। भीतर जाकर अन्धी ने मोहन के माथे पर हाथ फेरा। मोहन पहचान गया कि यह उसकी माँ का हाथ है। उसने तुरन्त नेत्र खोल दिये और उसे अपने समीप खड़े हुए देखकर कहा- माँ, तुम आ गईं।

अन्धी भिखारिन मोहन के सिरहाने बैठ गई और उसने मोहन का सिर अपने गोद में रख लिया। उसको बहुत सुख अनुभव हुआ और वह उसकी गोद में तुरन्त सो गया।

दूसरे दिन से मोहन की दशा अच्छी होने लगी और दस-पन्द्रह दिन में वह बिल्कुल स्वस्थ हो गया। जो काम हकीमों के जोशान्दे, वैद्यों की पुड़िया और डॉक्टरों के मिक्सचर न कर सके वह अन्धी की स्नेहमयी सेवा ने पूरा कर दिया।

मोहन के पूरी तरह स्वस्थ हो जाने पर अन्धी ने विदा मांगी। सेठजी ने बहुत-कुछ कहा-सुना कि वह उन्हीं के पास रह जाए परन्तु वह सहमत न हुई, विवश होकर विदा करना पड़ा। जब वह चलने लगी तो सेठजी ने रुपयों की एक थैली उसके हाथ में दे दी। अन्धी ने मालूम किया, इसमें क्या है।

सेठजी ने कहा-इसमें तुम्हारे धरोहर है, तुम्हारे रुपये। मेरा वह अपराध अन्धी ने बात काट कर कहा-यह रुपये तो मैंने तुम्हारे मोहन के लिए संग्रह किये थे, उसी को दे देना।

अन्धी ने थैली वहीं छोड़ दी। और लाठी टेकती हुई चल दी। बाहर निकलकर फिर उसने उस घर की ओर नेत्र उठाये उसके नेत्रों से अश्रु बह रहे थे किन्तु वह एक भिखारिन होते हुए भी सेठ से महान थी। इस समय सेठ याचक था और वह दाता थी।

कवि और कविता

राजमहल के सामने भीड़ लगी हुई थी। एक नवयुवक संन्यासी बीन पर प्रेम-राग अलाप रहा था। उसका मधुर स्वर गूंज रहा था। उसके मुख पर दया और स्नेह के भाव प्रकट हो रहे थे। स्वर के उतार-चढ़ाव और बीन की झंकार दोनों ने मिलकर बहुत ही आनन्दप्रद स्थिति उत्पन्न कर रखी थी। दर्शक झूम-झूमकर आनन्द प्राप्त कर रहे थे।

गाना समाप्त हुआ, दर्शक चौंक उठे। रुपये-पैसे की वर्षा होने लगी। एक-एक करके भीड़ छटने लगी। नवयुवक संन्यासी ने सामने पड़े हुए रुपये-पैसों को बड़े ध्यान से देखा और आप-ही-आप मुस्करा दिया। उसने बिखरी हुई दौलत को एकत्रित किया और फिर उसे ठोकर मारकर बिखरा दिया। इसके पश्चात् बीन उठाकर एक ओर चल दिया।

2

राजकुमारी माया ने भी उस नवयुवक संन्यासी का गाना सुना था। दर्शक प्रतिदिन वहां आते और संन्यासी को न पाकर निराश हो वापस चले जाते थे। राजकुमारी माया भी प्रतिदिन राजमहल के

सामने देखती और घंटों देखती रहती। जब रात्रि का अन्धकार सर्वत्र अपना आधिपत्य जमा लेता तो राजकुमारी खिड़की में से उठती। उठने से पहले वह सर्वदा एक निराशाजनक करुणामय आह खींचा करती थी।

इसी प्रकार दिन, हफ्ते और महीने बीत गए। वर्ष समाप्त हो गया, परन्तु युवक संन्यासी फिर दिखाई न दिया। जो व्यक्ति उसकी खोज में आया करते थे, धीरे-धीरे उन्होंने वहां आना छोड़ दिया। वे उस घटना को भूल गये, किन्तु राजकुमारी माया...

राजकुमारी माया उस युवक संन्यासी को हृदय से न भुला सकी। उसकी आंखों में हर समय उसका चित्र फिरता। होते-होते उसने भी गाने का अभ्यास किया। वह प्रतिदिन अपने उद्यान में जाती और गाने का अभ्यास करती। जिस समय रात्रि की नीरवता में सोहनी की लय गूंजती तो सुनने वाले ज्ञान-शून्य हो जाते।

3

राजकवि अनंगशेखर युवक था। उसकी कविता प्रभावशाली और जोरदार होती थी। जिस समय वह दरबार में अपनी कविता गायन के साथ पढ़कर सुनाता तो सुनने वालों पर मादकता की लहर दौड़ जाती, शून्यता का राज्य हर ओर होता। राजकुमारी माया को कविता से प्रेम था। सम्भवतः वह भी अनंगशेखर की कविता सुनने के लिए विशेषतः दरबार में आ जाती थी।

राजकुमारी की उपस्थिति में अनंगशेखर की जुबान लड़खड़ा जाती। वह ज्ञान-शून्य-सा खोया-खोया हो जाता, किन्तु इसके साथ ही उसकी भावनाएं जागृत हो जातीं। वह झूम-झूमकर और उदाहरणों को सम्मुख रखता। सुनने वाले अनुरक्त हो जाते।

राजकुमारी के हृदय में भी प्रेम की नदी तरंगें लेने लगती। उसको अनंगशेखर से कुछ प्रेम अनुभव होता, किन्तु तुरन्त ही उसकी आंखें खुल जातीं और युवक संन्यासी का चित्र उसके सामने फिरने लगता। ऐसे मौके पर उसकी आंखों से आंसू छलकने लगते। अनंगशेखर आंसू-भरे नेत्रों पर दृष्टि डालता तो स्वयं भी आंसुओं के प्रवाह में बहने लगता। उस समय वह शस्त्र डाल देता और अपनी जुबान से आप ही कहता- "मैं अपनी पराजय मान चुका।"

कवि अपनी धुन में मस्त था। चहुंओर प्रसन्नता और आनन्द

दृष्टिगोचर होता था। वह अपने विचारों में इतना मग्न था जैसे प्रकृति के आंचल में रंगरेलियां मना रहा हो।

सहसा वह चौंक पड़ा। उसने आंखें फाड़-फाड़कर अपने चहुंओर दृष्टि डाली और फिर एक उसांस ली। सामने एक कागज पड़ा था। उस पर कुछ पंक्तियां लिखी हुई थीं। रात्रि का अन्धकार फैलता जा रहा था। वह वापस हुआ।

राजमहल समीप था और उससे मिला हुआ उद्यान था। अनंगशेखर बेकाबू हो गया। राजकुमारी की खोज उसको बरबस उद्यान के अन्दर ले गई।

चन्द्रमा की किरणें जलस्रोत की लहरों से अठखेलियां कर रही थीं, प्रत्येक दिशा में जूही और मालती की गन्ध प्रसारित थी, कवि आनन्दप्रद दृश्य को देखने में तल्लीन हो गया। भय और शंका ने उसे आ दबाया। वह आगे कदम न उठा सका। समीप ही एक घना वृक्ष था। उसकी छाया में खड़े होकर वह उद्यान के बाहर का आनन्द प्राप्त करने लगा। इसी बीच में वायु का एक मधुर झोंका आया। उसने अपने शरीर में एक कम्पन अनुभव किया।

इसके बाद उद्यान से एक मधुर स्वर गूंजा, कोई गा रहा था। वह अपने-आपे में न था, कुछ खो-सा गया। मालूम नहीं इस स्थिति में वह कितनी देर खड़ा रहा? जिस समय वह होश में आया, तो देखा कोई पास खड़ा है। वह चौंक उठा, उसके सामने राजकुमारी माया खड़ी थी।

अनंगशेखर का सिर नीचा हो गया। राजकुमारी ने मुस्कराते हुए होंठों से पूछा- 'अनंगशेखर, तुम यहां क्यों आये?'

कवि ने सिर उठाया, फिर कुछ लजाते हुए राजकुमारी की ओर देखा, फिर से मुख से कुछ न कहा।

राजकुमारी ने फिर पूछा-'तुम यहां क्यों आये?'

इस बार कवि ने साहस से काम लिया। हाथ में जो पत्र था वह राजकुमारी को दे दिया। राजकुमारी ने कविता पढ़ी। उस कविता को अपने पास रखना चाहा किन्तु वह छूटकर हाथ से गिर गई। राजकुमारी तीर की भांति वहां से चली गई। अब कवि से सहन न हो सका, वह ज्ञान-शून्य होकर चिल्ला उठा-'माया, माया!'

परन्तु अब माया कहां थी।

4

राजदरबार में एक युवक आया, दरबारी चिल्ला उठे- 'अरे, यह तो वही संन्यासी है जो उस दिन राजमहल के सामने गा रहा था।

राजा ने मालूम किया- 'यह युवक कौन है?'

युवक ने उत्तर दिया- 'महाशय, मैं कवि हूँ।'

राजकुमारी उस युवक को देखकर चौंक उठी।

राजकवि ने भी उस युवक पर दृष्टि डाली, मुख फक हो गया। पास ही एक व्यक्ति बैठा हुआ था, उसने कहा- 'वाह! यह तो एक भिक्षुक है।'

राजकवि बोल उठा- 'नहीं, उसका अपमान न करो, वह कवि है।'

चहुंओर सन्नाटा छा गया। महाराज ने उस युवक से कहा- 'कोई अपनी कविता सुनाओ।'

युवक आगे बढ़ा, उसने राजकुमारी को और राजकुमारी ने उसको देखा। स्वाभिमान अनुभव करते हुए उसने कदम आगे बढ़ाये।

राजकवि ने भी यह स्थिति देखी तो उसके मुख पर हवाइयां उड़ने लगीं।

युवक ने अपनी कविता सुनानी आरम्भ की। प्रत्येक चरण पर 'वाह-वाह' की ध्वनियां गूंजने लगीं, किसी ने ऐसी कविता आज तक न सुनी थी।

युवक का मुख स्वाभिमान और प्रसन्नता से दमक उठा। वह मस्त हाथी की भांति झूमता हुआ आया और अपने स्थान पर बैठ गया। उसने एक बार फिर राजकुमारी की ओर देखा और इसके पश्चात् राजकवि की ओर। महाराज ने राजकवि से कहा- 'तुम भी अपनी कविता सुनाओ।'

अनंगशेखर चेतना-शून्य-सा बैठा था। उसके मुख पर निराशा और असफलता की झलक प्रकट हो रही थी।

महाराज फिर बोले- 'अनंगशेखर! किस चिन्ता में निमग्न हो? क्या इस युवक-कवि का उत्तर तुमसे नहीं बन पड़ेगा?'

यह अपमान कवि के लिए असहनीय था! उसकी आंखें रक्तिम हो गयीं, वह अपने स्थान से उठा और आगे बढ़ा। उस समय उसके कदम डगमगा रहे थे।

आगे पहुंचकर वह रुका, हृदय खोलकर उसने अपनी काव्य-प्रतिभा का प्रदर्शन किया। चहुंओर शून्यता और ज्ञान-शून्यता छा गई, श्रोता मूर्ति-से बनकर रह गये।

राजकवि मौन हो गया। एक बार उसने चहुंओर दृष्टिपात किया। उस समय राजकुमारी का मुख पीला था। उस युवक का घमण्ड टूट चुका था। धीरे-धीरे सब दरबारी नींद से चौंके, चहुंओर से 'धन्य है, धन्य है' की ध्वनि गूंजी। महाराज ने राजसिंहासन से उठकर कवि को अपने हृदय से लगा लिया। कवि की यह अन्तिम विजय थी।

महाराज ने निवेदन किया- 'अनंग! मांगो क्या मांगते हो? जो मांगोगे दूंगा।'

राजकवि कुछ देर तक सोचता रहा। इसके बाद उसने कहा- 'महाराज मुझे और कुछ नहीं चाहिए! मैं केवल राजकुमारी का इच्छुक हूँ।'

यह सुनते ही राजकुमारी को गश आ गया। कवि ने फिर कहा- 'महाराज, आपके कथनानुसार राजकुमारी मेरी हो चुकी, अब जो चाहूँ कर सकता हूँ।' यह कहकर उसने युवक-कवि को अपने समीप बुलाया और कहा-

'मेरे जीवन का मुख्य उद्देश्य यह था कि राजकुमारी का प्रेम प्राप्त करूँ। तुम नहीं जानते कि राजकुमारी की प्रसन्नता और सुख

के लिए मैं अपने प्राण तक न्यौछावर करने को तैयार हूँ। हां, युवक! तुम इनमें से किसी बात से परिचित नहीं हो किन्तु थोड़ी देर के पश्चात् तुमको ज्ञात हो जायेगा कि मैं ठीक कहता था या नहीं।'

कवि की जुबान रुक गई, उसका स्वर भारी हो गया, सिलसिला जारी रखते हुए उसने कहा- 'क्या तुम जानते हो कि मैंने क्या देखा? नहीं। और इसका न जानना ही तुम्हारे लिए अच्छा है। सोचता था, जीवन सुख से व्यतीत होगा, परन्तु यह आशा भ्रमित सिद्ध हुई। जिससे मुझे प्रेम है वह अपना हृदय किसी और को भेंट कर चुकी है। जानते हो अब राजकुमारी को मैं पाकर भी प्रसन्न न हो सकूंगा क्योंकि राजकुमारी प्रसन्न न हो सकेगी। आओ, युवक आगे आओ! तुम्हें मुझसे घृणा हो तो, बेशक हुआ करे, आओ आज मैं अपनी सम्पूर्ण संपत्ति तुम्हें सौंपता हूँ।'

राजकवि मौन हो गया। किन्तु उसका मौन क्षणिक था। सहसा उसने महाराज से कहा- 'महाराज, एक विनती है और वह यह कि मेरे स्थान पर इस युवक को राजकवि बनाया जाए।'

राजकवि के कदम लड़खड़ाने लगे। देखते-देखते वह पृथ्वी पर आ रहा। अन्तिम बार पथराई हुई दृष्टि से उसने राजकुमारी की ओर देखा, यह दृष्टि अर्थमयी थी। वह राजकुमारी से कह रहा था- 'मेरी प्रसन्नता यही है कि तुम प्रसन्न रहो। विदा।'

इसके पश्चात् कवि ने अपनी आँखें बन्द कर लीं और ऐसी बन्द कीं कि फिर न खुलीं।

अनाथ

गांव की किसी एक अभागिनी के अत्याचारी पति के तिरस्कृत कर्मों की पूरी व्याख्या करने के बाद पड़ोसिन तारामती ने अपनी राय संक्षेप में प्रकट करते हुए कहा- "आग लगे ऐसे पति के मुंह में।"

सुनकर जयगोपाल बाबू की पत्नी शशिकला को बहुत बुरा लगा और ठेस भी पहुंची। उसने जबान से तो कुछ नहीं कहा, पर अन्दर-ही-अन्दर सोचने लगी कि पति जाति के मुख में सिगरेट सिगार की आग के सिवा और किसी तरह की आग लगाना या कल्पना करना कम-से-कम नारी जाति के लिए कभी किसी भी अवस्था में शोभा नहीं देता?

शशिकला को गुम-सुम बैठा देखकर कठोर हृदय तारामती का उत्साह दूना हो गया, वह बोली- "ऐसे खसम से तो जन्म-जन्म की रांड भली।" और चटपट वहां से उठकर चल दी, उसके जाते ही बैठक समाप्त हो गई।

शशिकला गम्भीर हो गई। वह सोचने लगी, पति की ओर से किसी दोष की वह कल्पना भी नहीं कर सकती, जिससे उनके प्रति ऐसा कठोर भाव जागृत हो जाए। विचारते-विचारते उसके कोमल

हृदय का सारा प्रतिफल अपने प्रवासी पति की ओर उच्छ्वासित होकर दौड़ने लगा। पर जहां उसके पति शयन किया करते थे, उस स्थान पर दोनों बांहें फैलाकर वह औंधी पड़ी रही और बारम्बार तकिए को छाती से लगाकर चूमने लगी, तकिए में पति के सिर के तेल की सुगन्ध को वह महसूस करने लगी और फिर द्वार बन्द करके बक्स में से पति का एक बहुत पुराना चित्र और स्मृति-पत्र निकालकर बैठ गई। उस दिन की निस्तब्ध दोपहरी, उसकी इसी प्रकार कमरे में एकान्त-चिन्ता, पुरानी स्मृति और व्यथा के आंसुओं में बीत गई।

शशिकला और जयगोपाल बाबू का दाम्पत्य जीवन कोई नया हो, सो बात नहीं है। बचपन में शादी हुई थी और इस दौरान में कई बाल-बच्चे भी हो चुके थे। दोनों ने बहुत दिनों तक एक साथ रहकर साधारण रूप में दिन काटे। किसी भी ओर से इन दोनों के अपरिमित स्नेह को देखने कभी कोई नहीं आया? लगभग सोलह वर्ष की एक लम्बी अवधि बिताने के बाद उसके पति को महज काम-धाम ढूंढ़ने के लिए अचानक परदेश जाना पड़ा और विच्छेद ने शशि के मन में एक प्रकार का प्रेम का तूफान खड़ा कर दिया। विरह-बंधन में जितनी खिंचाई होने लगी, कोमल हृदय की फांसी उतनी ही कड़ी होने लगी। इस ढीली अवस्था में जब उसका अस्तित्व भी मालूम नहीं पड़ा, तब उसकी पीड़ा अन्दर से टीसें मारने लगी। इसी से, इतने दिन बाद, इतनी आयु में बच्चों की माँ बनकर शशिकला आज बसन्त की दुपहरिया में निर्जन घर में विरह-शैया पर पड़ी नव-वधू का-सा सुख-स्वप्न देखने लगी। जो स्नेह अज्ञात रूप जीवन के आगे से बहा चला गया है सहसा आज उसी के भीतर जागकर मन-ही-मन बहाव से विपरीत तैरकर पीछे

की ओर बहुत दूर पहुंचना चाहती है। जहां स्वर्णपुरी में कुंज वनों की भरमार है, और स्नेह की उन्माद अवस्था किन्तु उस अतीत के स्वर्णिम सुख में पहुंचने का अब उपाय क्या है? फिर स्थान कहां है? सोचने लगी, अबकी बार जो वह पति को पास पाएगी तब जीवन की इन शेष घड़ियों को और बसन्त की आभा भी निष्फल नहीं होने देगी। कितने ही दिवस, कितनी ही बार उसने छोटी-मोटी बातों पर वाद-विवाद करके इतना ही नहीं, उन बातों पर कलह कर-करके पति को परेशान कर डाला है। आज अतृप्त मन ने भी एकान्त इच्छा से संकल्प किया कि भविष्य में कदापि संघर्ष न करेगी, कभी भी उनकी इच्छा के विरुद्ध नहीं चलेगी, उनकी आज्ञा को पूरी तरह पालेगी, सब काम उनकी तबीयत के अनुसार किया करेगी, स्नेह-युक्त विनम्र हृदय से अपने पति का बुरा-भला व्यवहार सब चुपचाप सह लिया करेगी कारण पति सर्वस्व है, पति प्रियतम है, पति देवता है।

बहुत दिनों तक शशिकला अपने माता-पिता की एकमात्र लाडली बेटी रही है। उन दिनों जयगोपाल बाबू वास्तव में मामूली नौकरी किया करते थे, फिर भी भविष्य के लिए उसे किसी प्रकार की चिन्ता न थी। गांव में जाकर पूर्ण वैभव के साथ रहने के लिए उसके श्वसुर के पास पर्याप्त मात्रा में चल-अचल संपत्ति थी।

इसी बीच, बिल्कुल ही असमय में शशिकला के वृद्ध पिता कालीप्रसन्न के यहां पुत्र ने जन्म लिया। सत्य कहने में क्या है? भाई के इस जन्म से शशिकला को बहुत दुःख हुआ और जयगोपाल बाबू भी इस नन्हे साले को पाकर विशेष प्रसन्न नहीं हुए।

अधिक आयु में बच्चा होने के कारण उस पर माता-पिता के लाड़-प्यार का कोई ठिकाना न रहा। उस नवजात छोटे दूध-पीते

निद्रातुर साले ने अपनी अज्ञानता में न जाने कैसे अपने कोमल हाथों की छोटी-छोटी मुट्ठियों में जयगोपाल बाबू की सारी आशाएं पीसकर जब चकनाचूर कर दीं तब वह आसाम के किसी छोटे बगीचे में नौकरी करने के लिए चल दिया?

सबने कहा सुना कि पास में ही कहीं छोटा-मोटा काम-धन्धा खोज करके यहीं रहो तो अच्छा हो, किन्तु चाहे गुस्से के कारण से हो या गैरों की नौकरी करने में शीघ्र ही अमीर बनने की धुन से हो, उसने किसी की बात पर ध्यान नहीं दिया। शशि को बच्चों के साथ उसके मायके में छोड़कर वह आसाम चला गया। विवाह के उपरान्त इस दम्पति में यह पहला विच्छेद था।

पति के चले जाने से, शशि को दुधमुंहे भाई पर बड़ा क्रोध आया। जो मन की पीड़ा को स्पष्ट रूप में कह नहीं सकता, उसी को क्रोध अधिक आता है। छोटा-सा नवजात शिशु माँ के स्तनों को चूमता और आँख मींचकर निश्चिन्तता से सोता, और उसकी बड़ी बहन अपने बच्चों के लिए गर्म दूध, ठण्डा भात स्कूल जाने की देर इत्यादि अनेक कारणों से रात-दिन रूठकर मुंह फुलाये रहती और सारे परिवार को परेशान करती।

थोड़े दिन बाद ही बच्चे की माँ का स्वर्गवास हो गया। मरते समय माँ अपने गोद के बच्चे को लड़की के हाथ सौंप गई।

अब तो बहुत ही शीघ्र मातृहीन शिशु ने अपनी कठोरहृदया दीदी का हृदय जीत लिया। हा हा, ही-ही करता हुआ वह शिशु जब अपनी दीदी के ऊपर जा पड़ता और अपने बिना दांत के छोटे से मुख में उसका मुंह, नाक, कान सब कुछ ले जाना चाहता, अपनी छोटी-सी मुट्ठी में उसका जूड़ा पकड़कर जब खींचता और किसी कीमत पर भी हाथों में आई वस्तु को छोड़ने के लिए तैयार न होता,

दिवाकर के उदय होने से पहले ही उठकर जब वह गिरता-पड़ता हुआ अपनी दीदी को कोमल स्पर्श से पुलकित करता, किलकारियां मार-मारकर शोर मचाना आरम्भ कर देता, और जब वह क्रमशः दी...दी...दीदी पुकार-पुकारकर बारम्बार उसका ध्यान बंटाने लगा और जब उसने काम-काज और फुर्सत के समय, उस पर उपद्रव करने आरम्भ कर दिए, तब शशि से स्थिर नहीं रहा गया। उसने उस छोटे से स्वातंत्र्य प्रेमी अत्याचारी के आगे पूरे तौर पर आत्मसमर्पण कर लिया। बच्चे की माँ नहीं थी, इसी से शायद उस पर उसकी सुरक्षा का अधिक भार आ पड़ा।

2

शिशु का नाम हुआ नीलमणि। जब वह दो वर्ष का हुआ तब उसके पिता असाध्य रोगी हो गये। बहुत ही शीघ्र चले आने के लिए जयगोपाल बाबू को लिखा गया। जयगोपाल बाबू जब मुश्किल से उस सूचना को पाकर ससुराल पहुँचे, तब श्वसुर कालीप्रसन्न मौत की घड़ियां गिन रहे थे।

मरने से पूर्व कालीप्रसन्न ने अपने एकमात्र नाबालिग पुत्र नीलमणि का सारा भार दामाद जयगोपाल बाबू पर छोड़ दिया और अपनी अचल संपत्ति का एक चौथाई भाग अपनी बेटी शशिकला के नाम कर दिया।

इसलिए चल-अचल संपत्ति की सुरक्षा के लिए जयगोपाल बाबू को आसाम की नौकरी छोड़कर ससुराल चले आना पड़ा।

बहुत दिनों के उपरान्त पति-पत्नी में मिलन हुआ। किसी जड़-पदार्थ के टूट जाने पर, उनके जोड़ों को मिलाकर किसी प्रकार उसे जोड़ा जा सकता है, किन्तु दो मानवी हृदयों को, जहां से फट जाते

हैं, विरह की लंबी अवधि बीत जाने पर फिर वहां ठीक पहले जैसा जोड़ नहीं मिलता? कारण हृदय सजीव पदार्थ है क्षणों में उसकी परिणति होती है और क्षण में ही परिवर्तन।

इस नए मिलन पर शशि के मन में अबकी बार नए ही भावों का श्रीगणेश हुआ। मानो अपने पति से उसका पुनः विवाह हुआ हो। पहले दाम्पत्य में पुरानी आदतों के कारण जो एक जड़ता-सी आ गई थी, विरह के आकर्षण से वह एकदम टूट गई, और अपने पति को मानो उसने पहले की अपेक्षा कहीं अधिक पूर्णता के साथ पा लिया। मन-ही-मन में उसने संकल्प किया कि चाहे कैसे ही दिन बीतें, वह पति के प्रति उद्दीप्त स्नेह की उज्ज्वलता को तनिक भी म्लान न होने देगी।

किन्तु इस नए मिलन में जयगोपाल बाबू के मन की दशा कुछ और ही हो गई। इससे पूर्व जब दोनों अविच्छेद रूप से एक साथ रहा करते थे, जब पत्नी के साथ उसके पूरे स्वार्थ और विभिन्न कार्यों में एकता का संबंध था, जब पत्नी के साथ उसके जीवन का एक नित्य सत्य हो रही थी और जब वह उसे पृथक् करके कुछ करना चाहते थे तो दैनिकचर्या की राह में चलते-चलते अवश्य उनका पांव अकस्मात गहरे गर्त में पड़ जाता। उदाहरणतः कहा जा सकता है कि परदेश जाकर पहले-पहल वह भारी मुसीबत का शिकार हो गये। वहां उन्हें ऐसा प्रतीत होने लगा, मानो अकस्मात उन्हें किसी ने गहरे जल में धक्का दे दिया है। लेकिन क्रमशः उनके उस विच्छेद में नए कार्य की थेकली लगा दी गई।

केवल इतना ही नहीं अपितु पहले जो उनके दिन व्यर्थ आलस्य में कट जाया करते थे, उधर दो वर्ष से अपनी आर्थिक अवस्था सुधरने की कोशिश के रूप में उनके मन में एक प्रकार

की जबर्दस्त क्रांति का उदय हुआ। उनके मन के सम्मुख मालदार बनने की एकनिष्ठ इच्छा के सिवा और कोई चीज नहीं थी। इस नए उन्माद की तीव्रता के आगे पिछला जीवन उनको बिल्कुल ही सारहीन-सा दृष्टिगत होने लगा।

नारी जाति की प्रकृति में खास परिवर्तन ले आता है स्नेह, और पुरुष जाति की प्रकृति में कोई खास परिवर्तन होता है, तो उसकी जड़ में रहती है कोई-न-कोई दुष्ट-प्रवृत्ति।

जयगोपाल बाबू दो वर्ष पश्चात् आकर पत्नी से मिले तो उन्हें हू-ब-हू पहली-सी पत्नी नहीं मिली। उनकी पत्नी शशि के जीवन में उनके नवजात साले ने एक नई ही परिधि स्थित कर दी है, जो पहले से भी कहीं अधिक विस्तृत और संकीर्णता से कोसों दूर है। शशि के मन के इस भाव से वह बिल्कुल ही अनभिज्ञ थे और न इससे उनका मेल ही बैठता था। शशि अपने इस नवजात शिशु के स्नेह में से पति को भाग देने का बहुत यत्न करती, पर उसमें इसे सफलता मिली या नहीं, कहना कठिन है।

शशि नीलमणि को गोदी में उठाकर हँसती हुई पति के सामने आती और उनकी गोद में देने की चेष्टा करती, किन्तु नीलमणि पूरी ताकत के साथ दीदी के गले से चिपट जाता और अपने सम्बन्ध की तनिक भी परवाह न करके दीदी के कन्धे से मुंह को छिपाने का प्रयत्न करता।

शशि की इच्छा थी कि उसके इस छोटे से भाई को मन बहलाने की जितनी ही प्रकार की विद्या आती है, सबकी सब बहनोई के आगे प्रकट हो जाए। लेकिन न तो बहनोई ने ही इस विषय में कोई आग्रह दिखाया और न साले ने ही कोई दिलचस्पी दिखाई। जयगोपाल बाबू की समझ में यह बिल्कुल न आया कि

इस दुबले-पतले चौड़े माथे वाले मनहूस सूरत काले-कलूटे बच्चे में ऐसा कौन-सा आकर्षण है, जिसके लिए उस पर प्यार की इतनी फिजूलखर्ची की जा रही है।

प्यार की सूक्ष्म से सूक्ष्म बातें नारी-जाति चट से समझ जाती है। शशि तुरन्त ही समझ गई कि जयगोपाल बाबू को नीलमणि के प्रति कोई खास रुचि नहीं है और वह शायद मन से उसे चाहते भी नहीं हैं। तब से वह अपने भाई को बड़ी सतर्कता से पति की दृष्टि से बचाकर रखने लगी। जहां तक हो सकता, जयगोपाल की विराग दृष्टि उस पर नहीं पड़ने पाती।

और इस प्रकार वह बच्चा उस अकेली का एकमात्र स्नेह का आधार बन गया। उसकी वह इस प्रकार देखभाल रखने लगी, जैसे वह उसका बड़े यत्न से इकट्ठा किया हुआ गुप्त धन है। सभी जानते हैं कि स्नेह जितना ही गुप्त और जितना ही एकान्त का होता, उतना ही तेज हुआ करता है।

नीलमणि जब कभी रोता तो जयगोपाल बाबू को बहुत ही झुंझलाहट आती। अतः शशि झट से उसे छाती से लगाकर खूब प्यार कर-करके हँसाने का प्रयत्न करती खासकर रात को उसके रोने से यदि पति की नींद उचटने की सम्भावना होती और पति यदि उस रोते हुए शिशू के प्रति हिंसात्मक भाव से क्रोध या घृणा जाहिर करता हुआ तीव्र स्वर में चिल्ला उठता, तब शशि मानो अपराधिनी-सी संकुचित और अस्थिर हो जाती और उसी क्षण उसे गोदी में लेकर दूर जाकर प्यार के स्वर में कहती- 'सो जा मेरा राजा बाबू, सो जा' वह सो जाता।

बच्चों-बच्चों में बहुधा किसी-न-किसी बात पर झगड़ा हो ही जाता है? शुरू-शुरू में ऐसे अवसरों पर शशि अपने भाई का पक्ष

लिया करती थी कारण उसकी माँ नहीं है। जब न्यायाधीश के साथ-साथ न्याय में भी अन्तर आने लगा तब हमेशा ही निर्दोष नीलमणि को कड़ा-से-कड़ा दण्ड भुगतना पड़ता। यह अन्याय शशि के हृदय में तीर के समान चुभ जाता और इसके लिए वह दण्डित भाई को अलग ले जाकर, उसे मिठाई देकर खिलौने देकर, गाल चूम करके, दिलासा देने का प्रयत्न किया करती।

परिणाम यह देखने में आता है कि शशि नीलमणि को जितना ही अधिक चाहती, जयगोपाल बाबू उतना ही उस पर जलते-भुनते रहते और वह जितना ही नीलमणि से घृणा करते, गुस्सा करते शशि उतना ही उसे अधिक प्यार करती।

जयगोपाल बाबू उन इंसानों में से हैं जो कि अपनी पत्नी के साथ कठोर व्यवहार नहीं करते और शशि भी उन स्त्रियों में से है जो स्निग्ध स्नेह के साथ चुपचाप पति की बराबर सेवा किया करती है। किन्तु अब केवल नीलमणि को लेकर अन्दर-ही-अन्दर एक गुठली-सी पकने लगी जो उस दम्पति के लिए व्यथा दे रही है।

इस प्रकार के नीरव द्वन्द्व का गोपनीय आघात-प्रतिघात प्रकट संघर्ष की अपेक्षा कहीं अधिक कष्टदायक होता है, यह बात उन समवयस्कों से छिपाना कठिन है जो कि विवाहित दुनिया की सैर कर चुके हों।

3

नीलमणि की सारी देह में केवल सिर ही सबसे बड़ा था। देखने में ऐसा प्रतीत होता जैसे विधाता ने एक खोखले पतले बांस में फूंक मारकर ऊपर के हिस्से पर एक हंडिया बना दी है। डॉक्टर भी अक्सर भय प्रगट करते हुए कहा करते कि लड़का उस ढांचे के समान ही निकम्मा साबित हो सकता है। बहुत दिनों तक उसे बात

करना और चलना नहीं आया। उसके उदासीन गम्भीर चेहरे को देखकर ऐसा प्रतीत होता कि उसके माता-पिता अपनी वृद्धावस्था की सारी चिन्ताओं का भार, इसी नन्हे-से बच्चे के माथे पर लाद गये हैं।

दीदी के यत्न और सेवा से नीलमणि ने अपने भय का समय पार करके छठे वर्ष में पदार्पण किया।

कार्तिक में भइया-दूज के दिन शशि ने नीलमणि को नए-नए, बढ़िया वस्त्र पहनाये, खूब सजधज के साथ बाबू बनाया और उसके विशाल माथे पर टीका करने के लिए थाली सजाई। भइया को पटड़े पर बिठाकर अंगूठे में रोली लगाकर टीका लगा ही रही थी कि इतने में पूर्वोक्त मुंहफट पड़ोसिन तारा आ पहुंची और आने के साथ ही बात-ही-बात में शशि के साथ संघर्ष आरम्भ कर दिया।

वह कहने लगी- "हाय, हाय! छिपे-छिपे भइया का सत्यानाश करके ठाट-बाट से लोक दिखाऊँ टीका करने से क्या फायदा?"

सुनकर शशि पर एक साथ आश्चर्य, क्रोध और वेदना की दामिनी-सी टूट पड़ी। अन्त में उसे सुनना पड़ा कि वे दोनों औरत-मर्द मिलकर सलाह करके नाबालिग नीलमणि की अचल संपत्ति को मालगुजारी-वसूली में नीलाम करवाकर पति के फुफेरे भाई के नाम खरीदने की साजिश कर रहे हैं।

शशि ने सुनकर कोसना शुरू किया- "जो लोग इतनी बड़ी झूठी बदनामी कर रहे हैं, भगवान करे उनकी जीभ जल जाऐ।" और अश्रु बहाती हुई सीधी वह पति के पास पहुंची तथा उनसे सब बात कह सुनाई।

जयगोपाल बाबू ने कहा- "आजकल के जमाने में किसी का भरोसा नहीं किया जा सकता। उपेन्द्र मेरा सगा फुफेरा भाई है, उस

पर सारी अचल संपत्ति का भार डालकर मैं निश्चिंत था। उसने कब मालगुजारी नहीं भरी और कब नीलाम में हासिलपुर खरीद लिया, मुझे कुछ पता ही नहीं लगा।"

शशि ने आश्चर्य के साथ पूछा- "तुम नालिश नहीं करोगे?"

जयगोपाल बाबू ने कहा- "भाई के नाम नालिश कैसे करूँ और फिर नालिश करने से कुछ फल भी नहीं निकलेगा, गांठ से और रुपये-पैसे की बर्बादी होगी?"

पति की बात पर भरोसा करना शशि का कर्त्तव्य है किन्तु वह किसी भी तरह भरोसा न कर सकी? तब फिर उसकी अपनी सुख की घर-गृहस्थी और स्नेह का दाम्पत्य जीवन सब-कुछ सहसा भयानक रूप में उसके समक्ष आ खड़ा हुआ। जिस घर-द्वार को वह अपना आश्रय समझ रही थी, अचानक देखा कि उसके लिए वह एक निष्ठुर फांसी बन गया है, जिसने चारों ओर से उन दोनों बहन-भाई को घेर रखा है। वह अकेली अबला है, असहाय नीलमणि को कैसे बचाये, उसकी कुछ समझ में नहीं आता। जैसे-जैसे वह सोचने लगी। वैसे-वैसे भय और घृणा से संकट में पड़े हुए अबोध भाई पर उसका प्यार बढ़ता ही गया। उसका हृदय ममता और आंखें अश्रुओं से भर आईं। वह सोचने लगी यदि उसे उपाय मालूम होता तो वह लाट साहब के दरबार में अपनी अर्जी दिलवाती और वहां से भी कुछ न होता तो महारानी विक्टोरिया के पास खत भेजकर अपने भाई की जायदाद अवश्य बचा लेती और महारानी साहिबा नीलमणि की वार्षिक सात सौ अट्ठावन रुपये लाभ की जायदाद हासिलपुर कदापि नहीं बिकने देती।

इस प्रकार शशि जबकि सीधा महारानी विक्टोरिया के दरबार में न्याय कराके अपने फुफेरे देवर को ठीक करने का उपाय सोच

रही थी, तब सहसा नीलमणि को तीव्र ज्वर चढ़ आया और ऐसा दौरा पड़ने लगा कि हाथ-पांव तन गये और बारम्बार बेहोशी बढ़ने लगी।

जयगोपाल ने गांव के एक देशी काले डॉक्टर को बुलवाया। शशि ने अच्छे डॉक्टर के लिए प्रार्थना की तो जयगोपाल बाबू ने उत्तर दिया- "क्यों? मोतीलाल क्या बुरा डॉक्टर है?"

शशि जब उनके पांवों पर गिर गई, अपनी सौगंध खिलाकर भयभीत हिरनी की तरह निहारने लगी, तब जयगोपाल बाबू ने कहा- "अच्छा, शहर से डॉक्टर बुलवाता हूँ, ठहरो।"

शशि नीलमणि को छाती से चिपकाये पड़ी रही। नीलमणि भी एक पल के लिए भी उसे आंखों से ओझल नहीं होने देता भय खाता कि उसे धोखा देकर दीदी उसकी कहीं चली जाए और इसलिए वह सदा उससे चिपटा रहताय यहां तक कि सो जाने पर भी पल्लू कदापि नहीं छोड़ता।

सारा दिन इसी प्रकार बीत गया। संध्या के बाद दीया-बत्ती के समय जयगोपाल बाबू ने आकर कहा- "शहर का डॉक्टर नहीं मिला, वह दूर कहीं मरीज देखने गया है।" और इसके साथ ही यह भी कहा- "मुकदमे के कारण मुझे अभी इसी समय बाहर जाना पड़ रहा है। मैंने मोतीलाल से कह दिया है, दोनों वक्त आकर, अच्छी प्रकार से देखभाल किया करेंगे।"

रात को नीलमणि अंटसंट बकने लगा। भोर होते ही शशि और कुछ भी न सोचकर खुद रोगी भाई को लेकर नाव में बैठ कलकत्ता के लिए चल दी।

कलकत्ता जाकर देखा कि डॉक्टर घर पर ही हैं कहीं बाहर नहीं गये हैं। भले घर की स्त्री समझकर डॉक्टर ने झटपट उसके

लिए ठहरने का प्रबन्ध कर लिया और उसकी मदद के लिए एक अधेड़ विधवा को नियुक्त कर दिया। नीलमणि का इलाज चलने लगा।

दूसरे ही दिन जयगोपाल बाबू भी कलकत्ता आ धमके। मारे गुस्से के आग-बबूला होकर उसने शशि को तत्काल ही घर लौटने का हुक्म दिया।

शशि ने कहा- 'मुझे यदि तुम काट भी डालो, तब भी मैं अभी घर नहीं लौटने की। तुम सब मिलकर मेरे नीलमणि को मार डालना चाहते हो। उसके बाप नहीं, माँ नहीं, मेरे सिवा उसका है ही कौन? मैं उसे बचाऊंगी, बचाऊंगी, अवश्य बचाऊंगी।"

जयगोपाल बाबू भावावेश में आकर बोले-"तो तुम यहीं रहो, मेरे घर अब कदापि मत आना।"

शशि ने उसी क्षण तपाक से कहा-"तुम्हारा घर कहां से आया? घर तो मेरे भाई का है।"

जयगोपाल बाबू बोले- "अच्छा देखा जाएगा।"

कुछ दिनों तक इस घटना को लेकर मोहल्ले के लोगों में चुहलबाजियां चलती रहीं, अनेक वाद-विवाद होते रहे। तभी पड़ोसिन तारा ने कहा- "अरे! खसम के साथ लड़ना ही हो तो घर पर रहकर लड़ो न, जितना लड़ना हो। घर छोड़कर बाहर लड़ने-झगड़ने की क्या जरूरत, कुछ भी हो, आखिर है तो अपना घरवाला ही?"

हाथ में जो कुछ जमा-पूंजी थी सब खर्च करके, आभूषण आदि जो कुछ भी थे सब बेचकर किसी प्रकार शशि ने अपने नाबालिग भाई को मौत के मुंह से निकाल लिया? और तब उसे

पता लगा कि दुआर-गांव में उन लोगों की जो बड़ी भारी खेती की जमीन थी और उस पर उनकी पक्की हवेली भी थी, जिसकी वार्षिक आय लगभग डेढ़ सहस्र थी। वह भी जमींदार के साथ मिलकर जयगोपाल बाबू ने अपने नाम करा ली है। अब सारी अचल संपत्ति उसके पति की है, भाई का उसमें कुछ भी हक नहीं रहा है।

रोग से छुटकारा मिलने पर नीलमणि ने करुण स्वर में कहा- "दीदी! घर चलो।" वहां अपने साथियों से खेलने के लिए उसका जी मचल रहा है। इसी से प्रेरित होकर वह बार-बार कहने लगा- "दीदी! अपने उसी घर में चलो न।"

सुनकर शशि रोने लगी, बोली- "हम लोगों का अब घर कहां है?"

लेकिन, केवल रोने से ही फल क्या? अब दीदी के सिवा इस दुनिया में उसके भाई का है ही कौन? यह सोचकर शशि ने आंखें पोंछ डालीं और साहस बटोरकर डिप्टी-मजिस्ट्रेट तारिणी बाबू के घर जाकर, उसकी पत्नी की शरण ली।

मजिस्ट्रेट साहब जयगोपाल बाबू को भली-भांति जानते थे। भले घर की बहू-बेटी घर से निकलकर जमीन-जायदाद के लिए पति से झगड़ना चाहती है, इस बात पर वे शशि पर गुस्सा हुए। उसे बातों से फुसलाये रखकर उसी समय उन्होंने जयगोपाल बाबू को पत्र लिखा। जयगोपाल बाबू साले सहित शशि को जबर्दस्ती नाव पर बैठकर गांव ले गया।

इस दम्पति का द्वितीय विच्छेद के बाद, फिर वह द्वितीय मिलन हुआ। जन्म-जन्म का साथ सृष्टिकर्ता का विधान जो ठहरा।

बहुत दिनों बाद घर लौटकर पुराने साथियों को पाकर नीलमणि बहुत खुश हुआ आनन्दपूर्वक घूमने-फिरने लगा। उसकी

निश्चिंत खुशी को देखकर भीतर-ही-भीतर शशि की छाती फटने लगी।

4

शरद ऋतु आई। मजिस्ट्रेट साहब गांवों में छानबीन करने दौरे पर निकले और शिकार करने के लिए, जंगल से सटे हुए एक गांव में तम्बू तन गये। गांव के मार्ग में साहब के साथ नीलमणि की भेंट हुई। उसके सभी साथी साहब को देखकर दूर हट गये। निरीक्षण करता रहा। न जाने साहब को उससे कुछ दिलचस्पी हुई, उसने पास बुलाकर पूछा- "तुम स्कूल में पढ़ते हो?"

बालक ने चुपचाप खड़े रहकर सिर हिला दिया- "हां।"

साहब ने पुनः पूछा- "कौन-सी पुस्तक पढ़ते हो?"

नीलमणि 'पुस्तक' शब्द का मतलब न समझ सका, अतः साहब के मुंह की ओर देखता रहा।

घर पहुंचकर नीलमणि ने साहब के साथ अपने इस परिचय की बात खूब उत्साह के साथ दीदी को बताई।

दोपहर को अचकन, पाजामा, पगड़ी आदि बांधकर जयगोपाल बाबू साहब का अभिवादन करने के लिए पहुँचे। साहब उस समय तम्बू के बाहर खुली छाया में कैम्प मेज लगाये बैठे थे। सिपाही वगैरा की चारों ओर धूम मची हुई थी। उन्होंने जयगोपाल बाबू को चौकी पर बैठाकर गांव के हालचाल पूछे। जयगोपाल बाबू सर्वसाधारण गांव वालों के सामने जो इस प्रकार बड़प्पन का स्थान घेरे बैठा है, इसके लिए वह मन-ही-मन फूला नहीं समा रहा है उसके मन में बार-बार यह विचार उठ रहे थे कि इस समय चक्रवर्ती और नन्दी घराने का कोई आकर देख जाता तो, कितना अच्छा होता?

इतने में नीलमणि को साथ लिये अवगुण्ठन ताने एक स्त्री सीधी साहब के सामने आकर खड़ी हो गई, बोली- "साहब आपके हाथ में मैं इस अनाथ भाई को सौंप रही हूँ, आप इसकी रक्षा कीजिए।"

साहब पूर्व परिचित गम्भीर प्रकृति वाले बालक को देखकर उसके साथ वाली स्त्री को भले घर की बहू-बेटी समझ कर, उसी क्षण उठ के खड़े हो गये, बोले- "आप तम्बू में आइये।"

"मुझे जो कुछ कहना है, वह यहीं कहूँगी।"

जयगोपाल बाबू का चेहरा फीका पड़ गया और घबराहट के मारे ऐसा हो गया, मानो अंगारे पर अचानक उसका पांव पड़ गया हो। गांव के लोग तमाशा देखने के लिए खिसक-खिसककर पास आने की चेष्टा करने लगे। तभी साहब ने बेंत उठाया और सब भाग खड़े हुए।

तब फिर शशिकला ने अपने अनाथ भाई का हाथ थामते हुए उस अनाथ बच्चे का सारा इतिहास शुरू से आखिर तक कह सुनाया। जयगोपाल बाबू ने बीच-बीच में रुकावट डालने की चेष्टा की, पर साहब ने गरजकर उसे जहाँ का तहाँ बैठा दिया। "चुप रहो।" और बेंत के संकेत से उसे चौकी से उठाकर सामने खड़ा होने का हुक्म दिया।

जयगोपाल बाबू शशि को मन-ही-मन कोसता हुआ सामने खड़ा रहा और नीलमणि अपनी दीदी से बिल्कुल चिपटकर मुंह बनाये चुपचाप खड़ा सुनता रहा।

शशि की बात सुन लेने पर साहब ने जयगोपाल बाबू से कई प्रश्न पूछे और उनका उत्तर पाकर, बहुत देर तक चुप रहकर शशि को सम्बोधित करके बोले-"बेटी! यह मामला मेरी कचहरी में नहीं

चल सकता, पर तुम बेफिक्र रहो, इस विषय में मुझे जो कुछ करना होगा, अवश्य करूँगा। तुम इस अनाथ भाई को लेकर बेधकड़क घर जा सकती हो।"

शशि ने कहा- "साहब जब तक इस अनाथ को अपना मकान नहीं मिल जाता तब तक इसे लेकर घर जाने का साहस मैं नहीं कर सकती। अब, यदि आप इसे अपने पास नहीं रखते तो और कोई भी इस अनाथ की रक्षा नहीं कर सकता?"

साहब ने पूछा- "तुम कहां जाओगी?"

शशि ने उत्तर दिया- "मैं अपने पति के घर लौट जाऊंगी, मेरी कुछ फिक्र नहीं है।" साहब मुस्कराया और ताबीज बंधे और दुबले-पतले, गंभीर स्वभाव वाले काले रंग के उस दुखी अनाथ बालक को अपने पास रखने को तैयार हो गया।

इसके उपरान्त शशि जब विदा होने लगी, तब बालक ने उसकी धोती का छोर पकड़ लिया।

साहब ने कहा- "बेटा! तुम डरो मत, आओ, मेरे पास आओ।"

अवगुण्ठन के भीतर अश्रुओं से झरना बहाते और पोंछते हुए अनाथ की दीदी ने कहा- "मेरा राजा भैया है न, जा, जा, साहब के पास जा-तेरी दीदी तुझसे फिर मिलेगी, अच्छा।"

इतना कहकर उसने नीलमणि को उठा छाती से लगा लिया, और माथे पर, पीठ पर हाथ फेरकर किसी प्रकार उसके पतले हाथों से अपनी धोती का छोर छुड़ाया और बड़ी तेजी से वहां से चल दी। साहब ने तुरंत ही बाएं हाथ से उस अनाथ बालक को रोक लिया और बालक- "दीदी! दीदी!" चिल्लाता हुआ जोर-जोर से रोने लगा। शशि ने एक बार मुड़कर, दूर से अपना दाहिना हाथ

उठाकर, अपनी ओर से उसे चुप होने के लिए सांत्वना दी और अपने टूक-टूक हुए हृदय को लेकर और भी तेजी से आगे निकल गई।

फिर बहुत दिनों तक उस पुरानी हवेली में पति-पत्नी का मिलन हुआ। सृष्टिकर्ता का विधान जो ठहरा।

लेकिन यह मिलन अधिक दिन तक न रह सका। कारण, इसके कुछ ही दिन बाद, एक दिन भोर होते ही गांव वालों ने सुना कि रात को जयगोपाल बाबू की स्त्री हैजे से मर गई और रात ही को उसका अन्तिम संस्कार हो गया।

विदा के समय शशि अपने अनाथ भाई को वचन दे आई थी कि उसकी दीदी उससे फिर मिलेगी, पता नहीं उस वचन को वह निभा सकी अथवा नहीं।